个人提升系列

U0553203

像高手一样管理时间

5个维度，打造高效人生

刘乙了 —— 著

机械工业出版社
CHINA MACHINE PRESS

每天感觉时间不够用、工作效率低下、拖延、精力不足、无法平衡工作与生活等，是职场人的常见问题，也是亟待解决的问题。本书通过一系列高效的时间管理工具，如任务清单表、四象限表、番茄工作法、工作推进表、时间计划表、任务拆解图等，帮助职场人打破对时间的固有认知，发现时间的价值，在工作中有效提升自我效能，摆脱低效状态，为自己的高能状态持续蓄力。让职场人战胜拖延、保持专注、提升精力、减轻压力，实现自我成长。

图书在版编目（CIP）数据

像高手一样管理时间 / 刘乙了著. -- 北京：机械工业出版社，2025.5. -- ISBN 978-7-111-78108-0

Ⅰ.C935-49

中国国家版本馆CIP数据核字第20253AL127号

机械工业出版社（北京市百万庄大街22号　邮政编码100037）
策划编辑：刘春晨　　　　　责任编辑：刘春晨
责任校对：蔡健伟　宋　安　责任印制：常天培
北京联兴盛业印刷股份有限公司印刷
2025年6月第1版第1次印刷
145mm×210mm・7.375印张・104千字
标准书号：ISBN 978-7-111-78108-0
定价：49.80元（含配套手册）

电话服务　　　　　　　　　网络服务
客服电话：010-88361066　　机　工　官　网：www.cmpbook.com
　　　　　010-88379833　　机　工　官　博：weibo.com/cmp1952
　　　　　010-68326294　　金　书　网：www.golden-book.com
封底无防伪标均为盗版　　机工教育服务网：www.cmpedu.com

前言

管理时间是一生的功课。

从小时候起，我们就面临着如何把时间分配到各种事情上的难题。小学时，我们总是精心规划着学习和玩耍的时间，计划着什么时候完成作业，几点能出去和小伙伴玩。步入中学后，学业的重压悄然而至，自习时间便成为我们自主分配时间的"主战场"，我们努力在各学科间寻找最佳的时间配比。

这种在环境和年龄的约束下形成的分配时间的能力，似乎在我们踏入大学、步入社会后悄然退化了。虽然职场的广阔给我们带来了无限的可能性，但我们也面临着来自时间分配的复杂挑战。

每天面对如雪花般纷至沓来的工作，很多人埋在堆积如山的工作中无法抽身。日复一日的忙碌不禁让人反思：这令人筋疲力尽的忙碌，到底是为了什么？

刚刚踏入社会、参加工作的时候，我也常常陷入这种迷茫的旋涡中。我的生活被早出晚归的通勤、繁重的工作以及日常琐碎填满，疲于奔命。当我偶尔停下来反思生活的意义和人生目标时，那种迷茫感便如潮水般涌来。

后来通过阅读，我的视野不断拓宽，目标也逐渐明朗。我发现，成功人士身上有一个显著的共性特点——他们都是时间管理大师。

当有的人早上赖床时，他们已迎着曙光晨跑了半小时，确保自己有充足的精力应对一整天的繁忙工作；当有的人沉浸在煲电话粥或电视剧情节中时，他们已在按照计划将细碎的时间用于更有意义的事情上。

即便是在购物或日常着装的选择上，他们也展现出高效与简洁的风格。衣柜里简约重复的衣物省去了挑选的烦恼，因为他们深知，将时间浪费在这些琐事上，可能会打断他们对重要问题或决策的连贯思考。

看到这里，你可能会感叹："我就是个普通人，怎么可能做到这些？我怎么能跟这些成功人士相比？这样真的有必要吗？"

你错了。

时间管理并不是社会精英的专属技能，它适用于每一个普通人。刚刚踏入职场的年轻人尤为需要掌握这项技能。

我们不必苛求自己将每一分、每一秒都利用到极致，追求无休止的价值产出，因为这样的高标准往往会让人望而却步，难以持久。但我们可以利用工具更加高效地应对工作中的连续任务，让每一刻都变得更加充实且有意义。大家可以从这本书中汲取灵感，运用书中的一些实用小工具，更合理地规划时间，更轻松地达成自己的目标。

对于终日奔波于繁复工作的上班族而言，时间管理无疑是一把开启高效工作与品质生活之门的钥匙。它不仅能够帮助我们合理规划每日的行程，确保重要工作得以优先完成，减少不必要的拖延和压力，还能为我们留出更多宝贵的时间去享受生活、充电学习，追求更多的个人兴趣和梦想。

在快节奏的工作环境中，掌握时间管理的技巧，就意味着掌握了主动权，能够让我们在有限的时间里创造更多的价值，实现工作与生活的平衡。

在这本书里，你会认识到管理好时间将对你的人生产生多么大的作用。它会渗透你生命的每一个角落，无论是对日常琐碎的合理安排，还是对人生目标的清晰规划，都是时间管理在潜意识中精心雕琢的结果。

随着在行动中逐步融入时间管理的小技巧，你在潜意识里会编织出一个时间管理的精密发条。每当工作重压袭来，或是渴望学习新技能以实现自我提升时，这个发条便会自动上紧，激活高效分配时间的引擎。它会引导你明智地设定任务优先级，有效对抗拖延，充分利用时间，并实现价值最大化。

　　渐渐地，你会发现，即便面对堆积如山的工作或错综复杂的挑战，你也能保持内心的平静与专注，有条不紊地稳步前行。工作和生活会因此变得饱满而有序，曾经的迷茫与困惑会逐渐被清晰的目标与坚定的步伐所取代，你的人生之路会更加光明与自信。

刘乙了

目录

第三章
高效原理：工作中如何提升
自我效能

第四章
清除阻碍：让时间管理变得更
轻松

第五章
精力管理：为自己的高能状态
持续蓄力

- 成功与时间的关系
- 人工智能时代，如何用好时间赢得竞争
- 思维重塑：我的人生有什么可能性

第一章

认知破局：理解时间与人生

成功与时间的关系

成功和时间，就犹如双生子一样。每一份成功都需要时间的沉淀，每一段流逝且得到充分利用的时间也都是我们走向成功的见证。

设想一下，此刻你手中正握着一把钝刀，你奋力向树根砍去，却只留下一抹浅淡的划痕。随后，你日复一日地将这把刀放在磨石上，缓缓摩擦、细细推压，这把黯淡无比的钝刀终于在时间的雕琢下逐渐显露出锋芒。当你再次挥动这把经过时间洗礼的利刃时，你轻松地将树根一分为二，树根上留下了一道深深的裂痕。

　　这一幕，正是你追求成功的生动写照。当你迈出通向成功的第一步时，你的努力、汗水、拼搏会随着时间流逝逐渐累积成厚重的基石，让你的每一步都走得更坚实，且充满深远的意义。时间不仅记录了你的奋斗历程，更让你的付出绽放光辉。

　　你想要的成功究竟是什么样的呢？在人生的广阔画卷中，"成功"的定义因人而异、千姿百态。但不可否认的一点是，无论何种定义，"成功"都是对自我生命旅程的一次深刻肯定和颂扬，也是对你不懈努力和追求梦想的最高奖赏。

　　我有一个在工作时认识的朋友，最初对他的印象只是能干、幽默、乐观。后来因为工作需要，我们的接触越来越多，我发现他是一个对自己的生活十分有掌控感的人，且很有主见。当他跟我讲述了自己的故事后，我才知道他为什么年纪轻轻便能如此成功。

　　他家是做小生意的，高一时，他就对赚钱产生了很强烈的欲望，于是他开始在学校做起了兼职。从高中时为班里同学代购隔壁小吃街的炒冰开始，到大学时摆摊卖东西，在物流站点兼职送货，他做过很多兼职。

大学一毕业，他就和三个小伙伴一起创业，在学校开了家餐厅，菜品深受学生欢迎。直到他累积了一些经验并赚到一些钱后，他才来到北京这家公司做运营。后来，他自己开了家公司，虽然规模不大，但是一个月净利润能达到五十万。

对我的这位好友而言，成功的定义简单而纯粹：能够赚取可观的收入并实现自我价值。他的目标始终清晰而坚定，并一直以自己的行动来诠释对成功的理解。在同学们谈情说爱、翘课的时候，他在打工赚钱，并且能够兼顾学业。

我们当下生活的每一分、每一秒，都是时间流逝的见证，也是生命旅程中不可逆转的篇章。据估算，以平均寿命衡量，人的一生不过三万多个日夜。其中，三分之一的光阴我们都在睡眠中度过，再扣除日常饮食起居所占据的时间，真正能由我们自由支配，用以追寻梦想、实现价值、丰富生活的时光，仅不足两万天。

看到这里，你会不会忍不住拿起计算器，计算一下自己大概还剩下多少时间可以用在工作上？

人工智能时代，如何用好时间赢得竞争

一位哈佛大学终身教授，同时也是"麦克阿瑟天才奖"获得者——塞德希尔·穆来纳森提出了"时间稀缺"的概念。他认为，当一个人像陀螺一样高速旋转，时间和精力都极度稀缺时，不但不能改变贫穷的现状，反而会使穷人更穷，形成一种无力挣脱的恶性循环。

这里并不是全然否定忙碌的价值，而是一个人如果没有目的、没有规划地忙碌，甚至忙碌到没有时间停下来思考该如何合理分配时间，让自己在接下来的工作和生活中能够轻松一点，那么这样盲目的忙碌只会为自己的人生增加负担。

可怕的是，我们一旦习惯于这种缺乏实质意义的忙碌循环，甚至沉溺其中，打破现状、寻求改变的勇气将会被日益消磨，成为我们难以逾越的心理障碍。

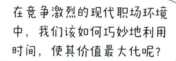在竞争激烈的现代职场环境中，我们该如何巧妙地利用时间，使其价值最大化呢？

我们必须要意识到，我们正处于一个人工智能蓬勃发展的时期。随着人工智能以井喷式的速度逐渐成为新一轮科技革命和产业变革的重要驱动力，它也正在潜移默化地渗透进我们日常生活的方方面面。比如手机里的语音助手、家里摆放的智能家居等。

这些拥有大数据分析能力、自动化处理等技术的人工智能毫无疑问降低了我们进行时间管理的难度。利用人工智能进行时间管理，会为我们提供前所未有的便捷。

智能日程规划

人工智能可以根据我们的工作习惯、工作安排和任务截止日期等，计算出各项任务完成的最优路径，自动帮助我们规划日程，确保时间得到合理分配。

自动化任务提醒

利用人工智能设置任务和事项的提醒，可以避免错过一些重要的截止日期。这项功能十分常见，也十分有效。

多任务优化

人工智能可以帮助我们在多任务环境中识别和管理任务依赖关系，优化任务的执行顺序。

预测性分析

我们可以通过人工智能预测未来的工作量，提前规划和调整工作安排。

跨设备同步，优化团队协作

人工智能可以确保团队所有成员在不同设备上同步工作数据，并自动管理团队共享的文档，跟踪版本更新，让所有参与项目的成员都能访问到最新资料。

以上只是我们可以通过人工智能优化时间安排的一部分策略。对于想要在职场中提高工作效率的我们来说，最重要的一点在于，要选择适合自己且适用性强的人工智能工具，如智能助手、自动化软件和数据分析平台等。

3

思维重塑：我的人生有什么可能性

我的人生有什么可能性？

这个问题不亚于小学老师问我们：你们长大后的梦想是什么？小时候的我们答案五花八门：老师、科学家、明星、老板、宇航员、服装设计师……成年后的我们却突然间失去了谈论梦想的勇气，更不用说追逐梦想。

我认为，一个人的职业潜能与他当前的能力和特质紧密相关。比如，一个人性格开朗，每天乐哈哈的，又喜欢和小朋友相处，那么我们可以认为这个人在与儿童相关的职业发展上有很多可能性。他既可以去当幼师，也可以成为一名儿童心理咨询师，或者儿童节目主持人。至于那些硬性的职业要求（证书、资质等），则可以等他从自己的诸多可能性中确定方向后再慢慢通过学习获得。

探索自己的人生有什么可能性，本质上是在为自己设定一个终身追求的目标。只有找到了自己的人生奋斗目标，我们才能有针对性地培养相关的技能和知识，平衡自己工作和生活的时间，充分利用身边的资源和机会。在我们朝着目标努力的过程中，有效的时间管理将成为我们达成愿景的关键助力。

在思考人生的可能性前，我们需要先完成一次自我探索。**自我探索是一个深入了解自己内心世界、价值观、兴趣和能力的过程。**在这个过程中，我们能增强自我认知，更加深入地了解自己的性格、优势和劣势，认识到自己是谁。在深入了解自己的基础上，我们能够更加清晰地确定自己的人生目标和价值，确保自己能够做出更加符合内心需求的选择。

自我探索的具体步骤：

第一步，找一个安静舒适，能够让自己全然放松的环境。关闭手机，尽可能减少外界的干扰。

第二步，明确自己想要通过自我探索达成什么样的目标，比如找到职业方向、确定人生目标，或是单纯地想要探究自己在某一阶段的状态。

第三步，回顾自己成长过程中记忆深刻的重要事情，并以此为依据，分析自己在这些事情中的情感体验，如喜悦、悲伤、愤怒等，以及这些情感是如何影响自己的行为和决策的。

第四步，在纸上尽可能详尽地写出自己在这些事情上表现出的优缺点，每一项都要有事例支撑。

第五步，写下自己想要达成的人生状态或目标，并深入思考自己的优势将如何帮助自己达到这一目标，又将怎样改进自己的缺点，使其成为助力而非阻力。

自我探索的五个步骤

Step 2
明确自我探索目标

Step 3
深挖经历中的情感

Step 1
营造沉浸式
探索环境

Step 4
详列优劣并举例说明

Step 5
规划目标，优势转化

在这个过程中，我们可能会遇到一些自己内心深处不愿提及，甚至对此感到不安的情绪角落，但大胆将其写下来，正是自我探索已经迈出关键性一步的象征。这个举动，无形中已经将自我认知的壁垒击破了一半。通过正视并接受这些情绪，我们能逐渐增强自我接纳的能力，进而提高自信心，使内在自我的光芒逐渐显现。

完成自我探索后，先不要着急畅想自己的各种可能性。我们需要设定一个畅想标准：此次畅想建立在一个所有局限与不利条件均被超越和消除的崭新起点之上。

这一标准简而言之就是一句话：**相信自己可以，并且无论做什么都能成功。**

这不是自大和盲目自信，而是一种积极的心理暗示。这种心理暗示能够极大地激发我们每个人的潜能，帮助我们树立自信心，建立面对未知的勇气。当我们反复对自己进行这样的心理暗示后，由此产生的一股潜在的精神力量将内化为我们行动的动力，促使我们更加积极地成为更好的自己。

有一个与此相关的著名实验，叫"罗森塔尔效应"，又称"皮格马利翁效应"或"人际期望效应"。

美国心理学家罗森塔尔和他的助手来到一所小学，在一至六年级各选了3个班，对这18个班的学生进行了"未来发展趋势测验"。

之后，罗森塔尔以赞许的口吻将一份"最有发展潜力者"的名单交给了校长和各班的老师，并叮嘱他们务必要保密，以免影响实验的准确性。事实上，罗森塔尔是利用自己的权威性撒了一个谎，因为名单上的学生其实是随便挑选出来的。

8个月后，罗森塔尔和他的助手对这18个班级的学生进行复试，结果出乎意料：凡是出现在名单上的学生，每个人的成绩都有了较大的提升，且性格也有了些许变化，开朗、自信、求知欲强。

这个实验映射出一个很简单的道理：信念就是力量。老师们受到罗森塔尔的暗示，不仅对名单上的学生抱有高期待，还会有意无意地通过积极的态度、肯定的表情、给予更多的提问和辅导等行为，将这种潜在的期待明确地传递给学生，同时与学生建立起积极互动与正向反馈的和谐关系。

由此可见，**心理暗示有着巨大的能量**。当我们给自己这种暗示之后，就可以着手在纸上写下我们认为自己拥有的各种可能性了。

工具：我的梦想版图

示例

① **事业工作**
通过参与新项目、新挑战，实现了个人能力的提升，顺利晋升为小组长。

② **人际社交**
履行去年和朋友约定但没实现的一次约会。

我的梦想：
- 换一辆性价比更高、容量更大的车。
- 孩子中考顺利。
- 家庭和睦，幸福安康。

④ **个人成长**
利用业余时间复习考一个与兴趣相关，或者对当前职业有所助益的证书。

③ **健康管理**
全家进行一次全身体检；新的一年努力锻炼减重。

⑥ **资金管理**
预计新的一年达到存款 xx 万的目标；计划投入 xx 万资金进行低风险理财。

⑤ **家庭生活**
安排一次大约三天的全家短途旅游；一个月带孩子外出就餐或游玩 2 次。

- 回顾过去的时间漏洞
- 发现时间存在的价值
- 行为验证：空闲时间可以带来的收益

第二章

觉察提升：发现时间的价值

1

回顾过去的时间漏洞

时间管理层面的"时间漏洞"指的是那些因疏忽、决策失误或外部环境影响而未能得到充分利用或错失的宝贵时光。

我们每个人都无法完全避免时间漏洞的存在。比如，在工作中，一个不经意的拖延或是对任务优先级判断的失误，就可能让一整个下午的时间都在低效的忙碌中悄然溜走；在生活中，无休止的社交媒体浏览、不必要的闲聊，也可能让我们荒废掉宝贵的闲暇时光，失去原本应有的充实与享受，感觉"什么都没干"。

时间漏洞的存在，直接反映出了我们生活与工作效率低下的状态。它意味着我们在时间管理和自我控制方面还有所欠缺。经常有人这样抱怨：

- 感觉自己一整个周末几乎都在睡眠和玩手机中流失掉了。
- 睡完一整天醒来后，自己的精力不但没有恢复好，反而头昏脑涨的，对什么都提不起兴趣。
- 荒废时间后，内心充满了空虚和无力，导致第二天上班没什么精神，工作效率也因此而降低。

相比之下，那些卓越的时间管理者们则展现出截然不同的风貌。他们能够敏锐地洞察并有效填补这些时间漏洞，确保可利用的时间被赋予最大的意义与价值。

他们擅长设立清晰的目标，制订详尽且灵活的计划，并不断优化工作流程，以最高效的方式推进每一项任务。这种对时间的精准掌控，不仅让他们在工作上取得了显著的成就，更帮助他们在生活的各个方面都保持了良好的状态。

时间漏洞在生活中的常见形态主要表现为：

- **拖延**

相信每个人都或多或少有拖延症。它是导致时间浪费的主要原因之一，悄无声息地偷走了我们本可以用于实现目标、提升自我、享受生活的时光。

拖延

• 分心

在当下这个时代，我们很容易被各种生活琐事和娱乐方式分散注意力。从日常工作中突如其来的电子邮件、社交媒体上不断更新的好友动态，到网络平台上引人入胜的连续剧、电影、短视频，各种即时通信工具和应用无一不在争夺着我们宝贵的时间。

这些如潮水般涌来的外部刺激，长久下去不仅会让我们的思维变得碎片化，难以长时间专注于某一任务或思考，还可能导致工作效率和生活质量下降。

分心

· 迷茫

对自己的现状感到困惑，对自己的未来感到迷茫，这种昏昏沉沉的生活状态会让我们失去前进的动力。就像是游戏机上的电子人一样，每天重复着枯燥且单调的动作。

长此以往，我们会发现自己变得越来越麻木，对周围的一切失去了感知和兴趣。我们的内在世界也将逐渐变得封闭和狭隘，失去探索和创造的勇气。

迷茫

怎样摆脱这些状态呢？

第一步，找到自己的时间漏洞。

想要找到自己的时间漏洞，就要深入反思和观察自己日常的时间分配情况。

为了让这个过程更显直观，我们可以使用时间日志或手机上的时间管理应用来记录一天中的每一个小时（甚至更短时间）是如何度过的，包括工作、学习、娱乐、休息、社交等方方面面。坚持记录几天或一周后，我们将得到一个全面的时间分配图景。

通过分析这个时间分配图景，我们将得知哪部分时间占据的比例过大，哪些活动是无意义的。我们可以由此而发现一些明显的时间漏洞，比如停不住的社交媒体浏览、不必要的闲聊、拖延、过度休息或者低效的工作习惯等。这些时间漏洞就是我们需要关注和改进的地方。

第二步，制订改进计划。

一旦我们识别出了自己的时间漏洞并评估了各项活动的价值，就可以开始制订改进计划了。包括：

- 设定明确的目标
- 设置优先级清单
- 优化工作流程
- 减少干扰和诱惑
- 提高自我控制力

同时，也要学会拒绝那些不必要的时间消耗，将更多的时间投入到有价值的事情上。

需要注意的是，制订改进计划是一个动态的过程，绝不是静止不变的。我们需要时刻保持警觉，持续监控自己的时间使用状况，并根据实际情况进行调整。有时候，我们可能需要尝试不同的方法和策略来找到最适合自己的时间管理方式。

摆脱拖延、分心、迷茫的两个步骤

1. 找到自己的时间漏洞

2. 制订改进计划

发现时间存在的价值

　　时间体现了自然界的循环往复及和谐节奏，如季节更替、昼夜交换……这些周期性的变化是自然生态系统和生物多样性存在和正常运转的基础。对人们而言，时间几乎就等于生命。每个人都在时间的河流中航行，我们的成长、学习、工作、休息、娱乐等一切活动，都离不开时间的陪伴与见证。

　　在社会层面上，时间意义深远，它是历史的见证者，是社会秩序构建与稳定的基石。它承载着人类社会的过去、现在与未来，每一道泛起的波澜都记录着时代的变迁。

在个人层面上，时间不仅是生命存在的基本维度，更是生命体验、效率与生产力以及个人成长的催化剂。

首先，时间意味着生命体验。

每个人的生命都是一场独一无二的旅程，而时间则是这场旅程的计量单位和导航者，生活中的每一个瞬间都是不可复制、不可重来的宝贵财富。

其次，时间意味着效率与生产力。

时间是一种稀缺资源，如何高效利用时间是衡量个人能力和价值的重要标准之一。有效的时间管理不仅能够提高我们的工作效率，使我们在有限的时间内完成更多的任务，还能够提升我们的生产力，为我们创造更多的价值。

下面举个简单的例子来加深对时间的理解。

一位叫李华的高中生，即将迎来高考这一人生的重要转折点。假设他用两种截然不同的态度和行为模式来应对这次高考。

• 第一种：

李华没有充分认识到时间的重要性，他拖延，不按计划学习，将大量的时间浪费在社交媒体、游戏和无关紧要的琐事上。每天只是匆忙地完成作业，而没有对知识点进行系统的复习和巩固。

随着高考的临近，他发现自己还有很多知识点没有掌握，还有很多题目不会做，从而陷入焦虑和恐慌之中。最终，由于时间不足和准备不充分，他在高考中发挥失常，错失考入理想大学的机会。

• 第二种：

李华深刻认识到时间的重要性，他会每天制订详细的学习计划，并严格按照计划执行。通过合理分配时间，他每天都有充足的时间学习、复习、做模拟试题，同时，也有足够的时间休息和娱乐。他会利用碎片时间进行知识点的记忆和巩固，如在课间休息时记几个单词，午休前做一道数学题等。

同时，他还会定期对自己的学习进度进行评估和调整，确保自己始终朝着目标前进。最终，由于时间管理得当和准备充分，李华在高考中取得了优异的成绩，成功考入了自己心仪的大学。

"抛弃时间的人，时间也将抛弃他。"时间是最公平的社会资源，每个人每天都拥有 24 小时，但如何分配这些时间，却决定了我们的生活质量和成就的高度。

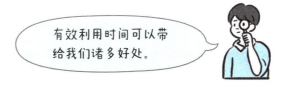

• 拥有丰富的生命体验

时间管理得当，意味着我们有更多的自由时间去追求自己的兴趣爱好、陪伴家人朋友、探索未知的世界。这些活动不仅能够丰富我们的生命体验，让我们感受到生活的多彩多姿，还能够帮助我们释放压力、放松心情，提升生活的幸福感和满足感。

· 获得自我提升

合理安排时间，能促进我们的自我提升。通过设定长期和短期的成长目标，并为之制订详细的学习计划和

行动方案，我们可以不断地学习新知识、掌握新技能、提升自己的综合素质。在时间的见证下，我们将逐渐成长为更加成熟、自信、有能力的人。

提升学习和工作效率

通过设定明确的目标、制订详细的计划并严格执行，我们可以避免拖延和分心，将精力集中在最重要、最紧急的任务上。这样，我们不仅能在有限的时间内完成更多的事情，还能保证学习和工作的质量。

• 养成健康的生活习惯

良好的时间管理习惯往往与健康的生活方式紧密相连。合理安排时间，意味着我们能够保证充足的睡眠、均衡的饮食和适量的运动。这些健康的生活习惯不仅能够提升我们的身体素质和免疫力，还能让我们保持精力充沛、心情愉悦。

3

行为验证：空闲时间可以带来的收益

从行为验证的视角深入探究，我们会发现空闲时间所能带来的收益远比我们想象的要可观。比如每天抽出半小时进行阅读，坚持一年便可积累近 200 小时的阅读时长，足以让我们看完大约 20 本书。

这便是行为验证的力量——持续的微小努力，在时间累积下终将显现成效。那么，空闲时间可以给我们带来怎样的收益呢？

第一，空闲时间是我们提升自我的绝佳时机。

空闲时间不受外界干扰，可以让我们全心全意地投入学习新技能、深化专业知识或探索未知领域中。每一次学习都是对自我边界的拓宽，都是向更高层次迈进的坚实步伐，能让我们在未来的竞争中占据优势，把握住每一次突如其来的新机遇。

第二，空闲时间能教会我们更好地同自己相处。

在工作之余，无论是通过运动释放压力，还是通过冥想找回内心的平静，或者只是简单地户外散步，都能有效缓解我们的身心疲劳，提升我们的健康水平，在快节奏的生活中找到一片属于自己的宁静之地。只有自己的身心得到释放和满足，我们才能以更好的精神面貌投入工作和学习中，在职场里创造更多的自我价值，得到更有效的提升。

第三，空闲时间能为我们提供修复和加强社会关系的机会。

无论是家庭聚会、朋友小聚，还是参加社区活动、志愿服务等，我们可以在忙碌的工作生活之余为自己创造轻松愉快的社交氛围，构建更加紧密和谐的人际关系网。这些人际关系不仅能够丰富我们的生活，还能够为我们的职业道路提供更多的可能性和支持。

只有当我们将空闲时间视为一种隐形财富时，它才能真正产生价值。如果想在充满激烈竞争的职场里脱颖而出，则更需要我们有效利用空闲时间。

每个进入过职场的人都知道，持续的学习和自我提升是不可或缺的竞争力，一成不变的工作技能是行不通的。如果我们每天都能利用好午睡前、上下班路上的间隙时间，研究行业动态、接触新事物、扩展视野，那么我们的职业生涯将会开辟出越来越多的可能性。

这里有一些具体的步骤，能够帮助我们高效地利用空闲时间，实现个人成长，达成人生目标。

第一步，制订一个可行的计划。

这个步骤的关键在于明确目标和细化步骤。我们首先要明确自己的空闲时间段，比如工作日的晚上、通勤路上，或是周末。

然后思考一下这些时间段最适合用于做哪些有意义的事情，即给自己定一个短期内可以达成的目标。比如，每天阅读半小时，每周学习一个新技能，每月写一篇文章等。

接下来，我们就要制订把这些目标转化为行动的计划了，比如每日、每周的待办事项清单等。考虑到存在突发情况的可能性，我们在计划中应该预留一些弹性空间，以便灵活应对。

第二步，在这个计划中给自己设置一些小目标，以确保能够拥有持续的动力来实现长期规划。

相比于较为宏大、遥不可及的大目标而言，小目标显得更具体、可实现，能够让我们在短时间内看到成果，从而激发自己持续努力的动力。在我们将计划分割成无数个小目标后，可以为自己设置一些奖励，比如看一场电影、享受一顿美食等。

小目标的达成是对自己能力的认可，我们能从中收获巨大的成就感，并对下一阶段的工作、学习计划充满信心。

第三步，记录自己的进步，以便适时地调整策略。

我认为建立一种记录机制是很重要的，比如可以通过记笔记、使用时间管理应用或电子表格等工具来跟踪自己完成任务的情况，还可以在上面记录我们完成这项目标的心情、遇到的问题和挑战等。

通过定期回顾这些记录，我们可以很确切地看到自己的进步轨迹，并得知哪些方式对我们提高效率、保持专注力是有效的，哪些方式则需要改进。

高效利用空闲时间的三个步骤

2. 设置一些小目标

3. 记录自己的进步

1. 制订一个可行的计划

以上这些策略能够帮助我们更好地将理论转化为实践，真正从空闲时间中受益。可以尝试进行一场为期两周的"微小改变实验"。

微小改变，即每天不管多忙或多闲，都刻意地去做一件以往未曾坚持或容易忽略的小事。这件事可以很简单，比如：

- 每天早晨醒来先喝一杯温开水
- 阅读 10 分钟自己感兴趣的书籍
- 学习一个新单词或短语
- 给家人或朋友一个温暖的拥抱
- 在下班路上慢慢散步 10 分钟，享受生活

虽然这些小的行动看起来微不足道，但两周时间的坚持足以让量变引起质变，悄悄改变我们的生活轨迹。

两周后的我们将会发现，这些微小改变不仅能够丰富我们的精神世界，还可能提升我们的健康状况、学习能力、人际关系，甚至是对生活的满意度。

最重要的是，这个潜移默化的改变过程会使我们对改变的认知发生变化。

改变并不总是需要轰轰烈烈地制定多大的目标、下多大的决心，从这些看似不起眼的小事开始做起，改变反而更容易成功。

下面分享给大家一个有效的时间管理工具——时间日志。

时间日志是一种方便我们跟踪和管理时间的有效工具。通过记录自己每天的活动、任务和时间分配情况，我们可以更直观地看到时间是如何分配的，从而识别出自己的高效活动内容和时间段。

第一个技巧，把时钟或手表放在显眼的地方。

在开始记录时，可以选择一些易于看见的时钟或手表，然后将其放在显眼的位置，以便随时查看时间。养成定期查看时间的习惯，可以更好地掌握时间进度。但请记住，如果你对自己的自控力没有信心，最好不要使用手机查看时间。

第二个技巧，巧用日历。

我们可以通过纸质或电子日历来记录重要的日期和事项。可以在电子日历上设置提醒功能，并确保日历及时更新。除此之外，还可以在重要日期的空白栏里填写一些额外的信息或感想。

这个工具能够帮助我们在日常工作中得到即时反馈，这对于提升工作效率尤为关键。

使用时间日志的两个技巧

1. 把时钟或手表放在显眼的地方

2. 巧用日历

工具：时间日志

时间日志

时间段	活动/任务	耗时

- 时间管理高手是怎么高效利用时间的
- 任务整理：把自己每天要处理的工作收集起来
- 任务分类：把工作按不同性质进行分类
- 推进管理：如何高效率地完成各项工作
- 计划时间：如何做长周期的任务规划
- 任务拆解：如何简化工作流程，提升效率

第三章

高效原理：工作中如何提升自我效能

1

时间管理高手是怎么高效利用时间的

　　博恩·崔西是一位著名的个人和职业发展讲师，他强调时间管理能力是生活中的一项基本技能，并提出了多项时间管理技巧，比如"吃掉那只青蛙"，即每天优先处理最重要的任务。

　　同时，他认为，时间管理能力也是一切成就与幸福得以生根发芽的核心土壤。有效的时间管理能够极大地提升个人的工作效率，增强我们对生活的掌控感，从而在繁忙和压力之间找到平衡，实现生活与工作的双重飞跃。

"如果你每天早上做的第一件事是吃掉一只活青蛙，那么你可以很满意地度过这一天，因为你知道这可能是你一天中会发生的最糟糕的事情。"

崔西的这个理念，指的是**我们应当毫不犹豫地面对并优先解决掉那些最具挑战性、最重要且往往也是最令人畏惧的任务**，就像勇敢地吃掉餐桌上那只青蛙一样。通过这样的方式，我们不仅能够迅速获得成就感，激发内在动力，还能确保自己的时间和精力被最高效地利用起来，避免被琐碎事物消耗。

就像有的学生，每当老师发下试卷时，他们总喜欢先从最后那道最难的题目做起。

有一个很著名的理论，叫**帕累托法则，即二八法则**。这个理论指出，在众多的工作任务中，大约 20% 的重要任务能够产生 80% 的价值或成果。

比如，在日常工作中，我们常常会面临大量堆积的任务。虽然这些任务看起来数量众多，没有头绪，但其实在重要性上存在着差异。有些任务相对简单且对整体目标影响较小，有些任务则至关重要，对实现目标具有决定性作用。

有人进行过一项很有趣的实验。他选取了两组具有相似工作背景和能力的参与者，以确保他们在实验前的工作效率和任务处理能力相当。之后他为两组参与者分配了相同数量和类型的任务，并明确告知其中一组哪些任务是最重要的（重要任务组），而另一组则不知道哪些任务更重要（平均分配组）。

一周后在验收成果时，他发现重要任务组的参与者们在限定时间内能够完成更多重要的任务，工作效率和工作质量明显更高。同时，实验过程的记录日志也显示，他们在完成任务的过程中能感受到更低的压力感和更高的成就感。

而平均分配组的参与者们则将大量时间花费在了完成次要任务上，导致重要任务完成不足。由于压力感更高，他们的工作效率和工作质量也相对较低。

通过这个实验我们可以得出一个结论：在任务处理过程中，优先处理重要任务比平均分配时间给所有任务更能提高工作效率和工作质量。

在崔西的理论中，这个重要任务就是我们应当最先吃掉的青蛙。

除了根据任务的优先级来安排工作外，时间管理高手们还擅长将时间专注于提升自己的核心竞争力上。

万德坎姆曾说过：

幸福和成功的人与浑浑噩噩的人之间至少有一个关键性的区别，那就是幸福的人尽量多地把他们的 168 小时都花在核心竞争力上。

这也是时间管理强者们和普通人的区别所在。

不管是 10 年还是 20 年，我们的生活都是由不断重复的 168 小时构成的。每周 168 小时的循环足以让我们看清生活的全貌。尽管有时候我们对时间的利用会显得杂乱无章，但这种"构成模式"会一直延续下去。关键在于我们如何对待这份既定的时间框架——是选择敏锐地察觉并珍惜每一秒，将其投入到真正有意义的事情上，还是任由时间从指缝间流逝？

当我们着手规划自己的时间时，一个明智且高效的做法是：将宝贵的精力与资源聚焦于那些我们真正擅长且充满热情的领域。试想，如果我们的精力被分散到太多不同的方向，在每个方面都浅尝辄止，那么不仅很难体验到成就感，更是对时间和生命的一种浪费。

这意味着我们要认清自己的优势，同时学会拒绝那些与自己核心竞争力无关或相悖的任务与机会，以免被琐事缠身。

在我的咨询案例中，有一个家庭让我印象深刻。

孩子的爸爸是一位出租车司机，因为工作很忙，经常错失和孩子沟通和相处的机会。为了有更多时间陪伴孩子，这位爸爸想办法提升自己的核心竞争力。他在车里不仅为客户配备了简易电脑桌、清新剂、茶具等，还贴心地为每位乘客准备了晕车药、风油精、呕吐袋等物品，甚至提供免费 WiFi。这些细致入微的服务让他几乎在每一次订单中都能得到乘客的五星好评。

正因如此，他的月收入是同事们的 2~3 倍。他开始腾出更多时间在家陪伴孩子，将每天的工作时间缩减约 2 小时。令人惊讶的是，尽管工作时间缩短了，但他每天的收入仍然和从前不相上下。

这就是提升核心竞争力和有效利用时间相互作用的力量。

2

任务整理：把自己每天要处理的
工作收集起来

亚历山大·格雷厄姆·贝尔说过一句话："全身心地处理当前的任务，只有把太阳光聚焦到一个点上，才会让物体燃烧。"

在工作中，总会存在一些影响我们完成工作、晋升涨薪的阻碍。这时我们应该问自己几个问题：

- 是什么原因导致了我的工作效率下降？
- 自身的哪些问题在阻碍我前进？
- 为什么我还没有实现自己制定的目标？

是时间管理不善，导致任务堆积、无法按时完成，还是工作方法落后，未能充分利用现代科技工具或团队协作平台？或是工作动力不足，缺乏激情与目标感，使得自己在工作中时常感到疲惫与迷茫？

找到自己在时间管理上的弱点是十分重要的。只有看到自己在有效利用时间上的缺失，我们才能做出行动，改变现状。

我认为造成每日时间管理不当的一个最基础的原因在于，我们对自己的任务认识不够清晰，缺少一个清晰、全面的任务清单。所以，当任务如潮水般涌来时，我们很容易陷入一种盲目忙碌的状态，导致时间被低效甚至无效地消耗。

任务清单，简而言之，就是将我们每天要处理或计划完成的事项一一列出，形成一个可视化的清单。

一个清晰的任务清单能够帮助我们：

明确目标

将大脑中的想法和待办事项转化为书面或电子记录，让目标变得具体而明确，减少因遗忘或疏忽而造成的遗漏。

规划优先级

通过对任务进行排序，我们可以区分出哪些是关键任务，哪些是次要任务，从而合理安排时间，确保重要且紧急的事情得到优先处理。

提升效率

有了任务清单的指引，我们可以更加专注地投入到当前的任务中，减少因频繁切换任务而带来的时间浪费和精力消耗。

增强掌控感

当看到自己一步步完成清单上的事项时，那种成就感会激励我们继续前进，同时增强对工作和生活的掌控感和自信心。

如果任务清单不够清晰，我们很容易在实际工作中手忙脚乱，无法按时交付任务，陷入困境。如果没有全面搜集或记录待办事项，一些重要任务还可能会被我们忽略。

另外，如果我们无法准确判断哪些任务更为重要和紧急，在时间分配上便会不合理，导致效率低下。时间长了，我们还可能会陷入焦虑和倍感压力的状态中。

我们经常会在电视剧中看到这样一个画面：女主人将每天的待办事项做成一个大大的表格，贴在冰箱门上。每完成一项，便在上面划去一项，比如孩子的家长会、家庭成员的生日、结婚纪念日等。

这样做的好处是，其他家庭成员也可以在上面进行修改、补充。这不仅是一种提升家庭凝聚力的小技巧，同时也**能够确保家庭成员之间更合理地协调时间**。比如，当需要去开家长会时，父母会自动根据时间表来安排自己当日的行程，这样也比口头告知可靠得多。

工具：任务清单表

任务清单表

序号	任务名称	优先级 (高/中/低)	截止时间	备注

3

任务分类：把工作按不同性质进行分类

　　对任务进行分类，就像整理房间一样。整理房间是为了创造一个更加有序、整洁、舒适的生活环境，同样，对任务进行分类能够帮我们形成一个更加清晰、高效、有序的工作和学习节奏。

　　比如，当你走进一个杂乱无章的房间，看到随意丢弃的衣物，散落一地的书籍，摆放无序的家具时，你会感到压抑和烦躁，难以集中精力去做你想做的事情。

　　但当你将衣物折叠整齐放入衣柜，将书籍归类摆放于书架，将家具按照功能重新布局后，整个房间会瞬间变得焕然一新，你的心情也会随之变得轻松愉悦，做起事来也更加得心应手。

在日常工作中，将已经罗列出来的任务清单进一步细化，并依据自己惯用的类别对任务进行分门别类的整理，是一项极为关键且高效的策略。

　　这种方法不仅能让工作变得更加有序，还能显著提升我们的工作效率，让我们在工作中时刻保持清醒，时刻关注自己的时间流向和任务进度，以便及时调整和优化自己的时间管理策略。

　　下面我们来看一个简单的案例。

　　李女士是一位项目经理，她每天都需要处理来自不同项目和团队成员的众多任务请求。起初，她只是将所有任务简单地记录在一个长长的清单上，但很快发现这种方式让她感到力不从心，经常遗漏重要事项或混淆任务的优先级。为了改变这一现状，李女士决定采用分类整理的方法来优化她的任务清单。

首先，李女士根据自己的工作习惯和项目需求，将任务分成了几个主要类别：

　　紧急项目任务

　　日常行政工作

　　团队协作沟通

　　个人成长与学习

这四个类别几乎涵盖了她所有的工作内容，同时也帮助她明确了每个类别的优先级和处理方式。下面是她的具体做法：

第一步，利用项目管理软件或电子表格，为每个类别创建单独的板块或列表。

第二步，每当有新的任务加入时，迅速判断其所属类别，并将其添加到相应的板块中。

例如，关于项目截止日期的紧急调整会被归类到"紧急项目任务"板块；而安排下周的会议日程则会被放入"日常行政工作"板块。

通过这样的分类，李女士发现自己能够更加清晰地掌握每个阶段的工作重点，有效避免了任务的遗漏和混淆。同时，她也更容易根据每个类别的任务量来合理安排工作时间，确保重要且紧急的任务能够得到及时处理。

此外，对任务进行分类还带来了一个意想不到的好处：**促进自我反思和成长**。在"个人成长与学习"类别中，她记录了自己想要学习的技能、想要参加的培训课程以及想要阅读的书籍等。这些需求是她在进行其他三个类别任务的过程中提炼出来的对自身能力的有益补充。

下面是一些常见的任务分类方式。

A. 按照任务的紧急和重要程度进行分类：

a. **紧急且重要**：这类任务需要立即处理。

b. **不紧急但重要**：这类任务对长期目标或战略规划至关重要，但不一定需要立即完成。

c. **不紧急且不重要**：这类任务通常可以推迟或委托给他人处理，因为它们对工作效率或成果的影响最小。

d. 紧急但不重要：这类任务可能需要快速处理，但它们对整体目标贡献较小。

B. 按照任务的时间周期进行分类：

a. 今日待办：当天必须完成的任务。

b. 本周计划：本周内需要完成或关注的任务。

c. 长期目标：需要较长时间才能完成或需要持续跟进的目标。

当我们学会将不同性质、不同优先级的任务按照合理的方式进行分类和排序时，就相当于为我们的时间管理打造了一个井然有序的系统。

在这个系统中，每个时间段都有明确的任务和目标，每个任务都有合适的执行时机和资源配置，从而实现时间的最优利用和效率的最大化。

工具：四象限表

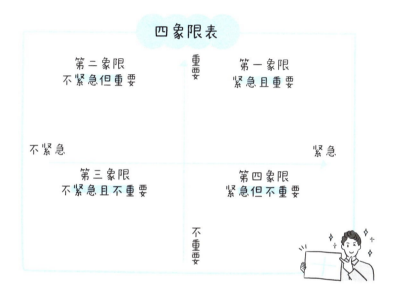

四象限表

第二象限
不紧急但重要

重要

第一象限
紧急且重要

不紧急

紧急

第三象限
不紧急且不重要

第四象限
紧急但不重要

不重要

这个理论由著名的管理学家史蒂芬·柯维提出。四象限法的核心思想是基于直角坐标系（笛卡尔坐标系）中的四个象限来划分和展示信息。这四个象限以原点为中心，以 x 轴和 y 轴为分界线。右上方的区域为第一象限，左上方的区域为第二象限，左下方的区域为第三象限，右下方的区域为第四象限。

作为一种时间管理方法，这个工具能够将工作任务按照紧急和重要程度进行划分。即将前文"常见的任务分类方式 A"四象限化，并以"优先解决第一象限，区分第一四象限，投资第二象限，走出第三象限"的原则依次处理工作任务。

优先解决第一象限：意味着我们要有准确的判断能力，确定哪些是既紧急又重要的事情，然后再优先处理。

区分第一四象限：第一象限和第四象限有时难以区分，因为第四象限对我们的欺骗性是最大的。它很紧急，所以我们会误以为它很重要，让我们消耗大量的时间去处理它。

因此，这两个象限不能仅仅通过紧急与否来区分，还要借助另一标准，即看这件事是否重要，也就是按照自己的工作岗位和领导的重视程度来衡量这项工作的重要性。如果它重要，那么就属于第一象限的任务，如果它不重要，就属于第四象限的任务。

投资第二象限：第一象限的任务紧急且重要，但我们可能会因为时间限制而没办法将它完成得很完美。第二象限的任务也很重要，而且我们会有充足的时间去准备。可见投资第二象限的回报十分巨大。

走出第三象限：出于拖延或畏难，我们常常会跌入第三象限的陷阱中，将大量时间花费在处理无关紧要的事情上。为了提高我们的工作效率，我们必须警惕这类可能夺走自己专注力和生产力的工作内容。

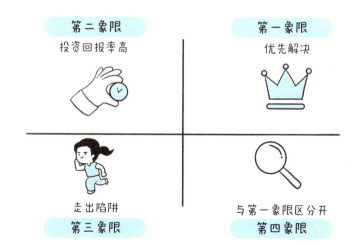

处理任务的四个原则

4

推进管理：如何高效率地完成各项工作

采用多线程的多任务处理模式

传统的线性时间管理方式正逐渐被多任务处理模式所取代，因为相比于按照时间顺序逐一完成任务，多任务处理模式能够帮助我们在有限的时间里将自己的工作效率最大化，让我们的碎片时间得以充分利用。

多任务处理模式不是简单地同时处理多个任务，而是帮我们智能地管理时间、资源和精力。它可以让我们在保持一定专注度的同时，灵活地在不同的任务之间切换，根据任务的紧急程度、重要性和个人精力状态对任务进行优先级排序和动态调整。

这种模式的优势在于，**它能够帮助我们最大限度地利用碎片化时间，使多任务并行开展**。

· 最大限度地利用碎片化时间

在日常工作中，等待邮件、会议间隙、通勤等碎片化时间往往会被忽视或浪费，而多任务处理模式则能够帮助我们将这些碎片化时间充分利用起来。比如，我们可以利用这些时间来快速处理一些简短或低优先级的任务，以保持工作的连续性和高效性。

· 多任务并行开展

我们每天要面对很多工作，经常需要同时处理多个任务，很多时候我们会焦头烂额，不知道从哪里开始做起。这个时候，多线程的多任务处理模式便能帮到我们。

当我们的工作任务中同时存在需要动脑和不需要动脑的多重内容时，可以分两步进行规划。

第一步，拿起一张便笺纸，在上面划上一条简单的横线，将需要动脑的任务（A 类任务）写在横线上方，将只占用部分感官功能的任务（B 类任务）写在横线下方。

第二步，将我们认为自己可以同时操作的 A 类任务和 B 类任务连成一条线，进行匹配。

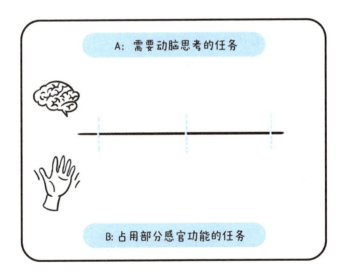

举个简单的例子：

你的领导同时交给你两项工作：第一项工作，打印多份文件并放置在会议室，然后发送邮件通知大家下午三点在会议室开会；第二项工作，将领导在演讲时用的幻灯片进行排版和优化。

此刻，如果你选择多任务处理方法，那么你就可以在打印文件的等待期，以及摆放文件的思维空闲时段，在脑海中思考幻灯片的优化方案。当你开始进行优化幻灯片这项工作时，就可以不用再花费很多时间去思考如何布局了，因为这些准备工作已经在之前的空闲时段完成了。

合理的"一心多用"能够让我们的工作效率翻倍，但只适用于不需要我们深度思考的任务。当我们编写复杂的代码或者创作艺术作品时，多任务处理模式可能会分散我们的注意力，降低工作质量。

借助任务管理工具

一款好用的任务管理工具集成了多样化的功能模块，包括但不限于任务管理、项目时间线追踪、灵活可定制的看板系统、直观易懂的日历视图以及详尽的甘特图展示等，这些强大的任务管理功能可以让我们轻松创建、分配、跟踪和评估任务进度，确保每个细节都被妥善处理和监控，从而提高工作效率。

比如，**项目时间线**能够为我们提供一个清晰的时间轴，让我们对项目的各个阶段和关键节点一目了然，有效避免时间延误。

日历视图则进一步增强了时间管理的便利性，无论是个人日程安排还是团队活动规划，都能在这里得到清晰呈现，帮助我们更好地平衡工作与生活，确保重要事项不被遗漏。

这类任务管理工具不仅种类繁多，而且能够满足不同用户群体的多样化需求。从个人时间管理到大型团队

协作，这些工具以其独特的功能和高效的解决方案，成
了现代工作和生活中不可或缺的一部分。

以 Trello 为例，这款广受欢迎的任务管理工具，以
其直观的看板系统而闻名。用户可以根据项目需求，自
定义多个看板，每个看板代表一个项目或工作流程的不
同阶段。

在看板上，用户可以轻松创建卡片（即任务），并通
过拖拽的方式在不同列（如"待办事项""进行中""已
完成"）之间移动，从而直观地追踪任务进度。

此外，Trello 还支持为卡片添加注释、附件、截止
日期、参与者等信息，确保每个任务都能得到充分的细
节描述和关注。

借助这些任务管理工具，不
仅能够显著提升工作效率，
还能增加工作的透明度。

例如，在项目管理中，团队成员可以通过任务管理工具实时查看任务进度、资源分配、工作协调，从而避免信息孤岛和重复劳动。

同时，工具中的统计报告和数据分析功能，还能帮助我们更好地了解项目状况，以便及时调整策略和计划。

对于个人而言，任务管理工具则能帮助我们更好地规划时间、管理待办事项，避免遗漏重要工作或错过截止日期。

聚焦关键结果领域

诺曼·文森特·皮尔说过这样一句话："当一个人全身心地去做一件事，这个过程中他解决问题的能力将成倍地增长。"

关键结果领域（Key Result Areas, KRA）是指为了实现组织或个人的长期目标，必须取得显著成果的几个关键方面。

在个人层面，关键结果领域可能包括完成核心项目、提升专业技能、建立有效的人际关系等。

在工作中，聚焦关键结果领域是一种高效且具有战略性的思维方式。当我们面对纷繁复杂的任务和信息时，这种思维方式能够帮助我们迅速抽丝剥茧，直击要害。这种聚焦不仅仅是为了避免时间的浪费和精力的分散，更是为了确保我们的努力能够直接服务于实现核心目标。

当我们开始一项任务时，首先应当思考的是"**这项任务的核心目标是什么？**"这个问题会促使我们跳出琐碎的细节，转而从宏观角度去审视任务的意义和重要性。

比如，在一个市场营销项目中，核心目标是提升品牌知名度、增加市场份额和促进产品销售。明确了这一点，我们就能更加精准地规划工作步骤，将资源优先投入到那些能够直接推动目标达成的关键环节上。

同样，在处理文件或报告时，聚焦关键结果领域也至关重要。我们需要问自己："**这份文件的核心关键点在哪里？**"

这就要求我们具备快速阅读、提炼和总结的能力，从长篇大论中迅速捕捉到最关键、最有价值的信息点。

比如，在阅读一份市场分析报告时，核心关键点可能包括市场趋势、竞争对手分析、目标客户群体以及潜在的市场机会等。掌握了这些关键点，我们就能更加清晰地理解市场状况，为制订下一步计划提供有力支持。

那么，聚焦关键结果领域后，该如何高效推进各项任务呢？

我们可以利用**优先级矩阵（四象限表）**或其他时间管理工具，将任务按照紧急和重要程度进行分类。确保总是先处理那些既紧急又重要的任务，同时也为不紧急但重要的任务预留足够的时间，以免它们在未来变成紧急且棘手的问题。这种方法有助于我们保持工作的条理性和高效性，避免被琐事缠身。

　　分块时间法也可以帮助我们提高工作时的注意力和工作效率，减少各种文件切换带来的时间浪费。这种方法是将工作时间划分为若干个固定时间段，在每个时间段内专注于完成一项任务或一系列相关的任务，确保不受外界干扰。

　　下面为大家提供两个任务推进工具，番茄工作法和工作推进表，来助力我们高效地推进各项任务的完成。

工　具

① 番茄工作法

番茄工作法最早由弗朗西斯科·西里洛在20世纪80年代提出。这种方法通过设定时间间隔和专注工作来提高工作效率，被广泛应用于工作、学习、写作、编程等多个领域。

番茄工作法是将工作时间分割成若干个25分钟的工作时间（25分钟为一个"番茄时间"）和5分钟的休息时间。

在每个番茄时间内，我们需要全神贯注地投入工作或学习中，避免分散注意力。在每个番茄时间结束后，我们可以休息5分钟，以缓解疲劳、恢复精力。

每完成4个番茄时间，休息时间可以延长至15分钟，然后重新开始下一个循环。根据工作任务的实际情况和个人状态，我们可以灵活调整番茄时间和休息时间。

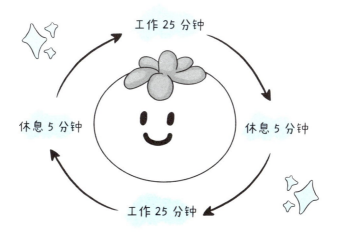

番茄工作法的具体步骤：

第一步，选定任务。根据计划设定目标，选择一个当前需要完成的任务。

第二步，设定番茄计时器。将番茄时间设置为 25 分钟，并启动番茄钟开始计时。

第三步，专注工作。在一个完整的番茄时间内，我们需要全身心地投入工作，避免进行任何与该工作无关的活动。

第四步，短暂休息。当番茄钟响起时，立即停止工作，并在纸上画一个标记记录工作暂停点，然后根据计划休息 5 分钟。

第五步，循环进行。重复上述步骤，直到完成所有任务或达到设定的工作时间。

第六步，记录进度，评估调整。在完成一个工作或学习任务后，我们需要及时记录和总结所取得的成果，以及在使用番茄工作法的过程中遇到的阻碍（思想不专注、没有控制住自己玩手机等）。

比如，你是一名程序员，正在负责一个复杂的软件开发项目。在使用番茄工作法工作的过程中，你发现编程时的深度思考和调试代码往往需要超过 25 分钟的时间来保持连贯性。那么，你可以根据这个实际情况，将番茄时间延长至 45 分钟，并将休息时间调整为 10 分钟。

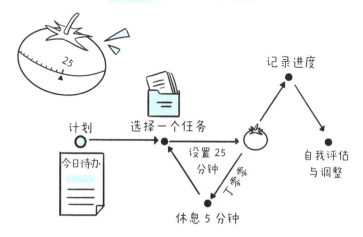

番茄工作法的步骤

番茄工作法以其固定的 25 分钟工作时间与 5 分钟休息时间的规则为基础，构建了一个高效且结构化的时间管理框架。

但在实际应用过程中，这一方法并非一成不变，我们可以根据个人情况和任务特点进行灵活调整。这种灵活性也是番茄工作法能够在不同场景和人群中广泛应用并深受欢迎的关键所在。

这样的调整可以让你更深入地沉浸在编程中，减少思路中断，从而提高开发效率。

番茄工作法的适用性很强，可以应用于多种职业，比如：

- 常常需要处理多项任务（撰写报告、回复邮件、参加会议等）的办公室职员。
- 需要高度集中注意力和灵感才能完成创作的工作者（作家、设计师、程序员等）。
- 由于工作环境的不确定性和干扰因素过多，需要有效的时间管理方法来保持工作效率的远程工作者和自由职业者。

番茄工作法的优点有很多，比如可以有效提高专注力，减少拖延，提高工作和学习效率等。

番茄工作法的核心在于，通过短暂的工作周期和休息时间来提高专注度和效率。

需要注意的是，如果没有在一个番茄时间（25分钟）里完成任务，也要在25分钟后停止工作，按照计划进行短暂的休息。

之后对未完成的工作进行评估，判断是否需要更多的番茄时间完成。当任务复杂、需要更多时间完成时，可以将这部分任务分解成更小的子任务，为其分配更多的番茄时间。

另外，需要注意的是，番茄工作法的使用主要是为了保持工作流程的连续性，提高工作效率，而不是为了追求每个任务的完美完成。我们要接受某项工作的困难度，一项工作有时候用更多的番茄时间来完成是很正常的。

在一天的工作结束之后，请反思一下为什么没有按照计划完成工作任务，是对任务量的预估存在失误？还是该任务的困难程度超出了自己的能力范围？然后思考如何优化工作流程和分解任务，以便未来能更有效地使用番茄工作法这个工具。

② 工作推进表

工作推进表是一种帮助个人或团队组织、规划和跟踪项目进度的工具。它通常包含总任务、任务子项目、各阶段的工作细分、截止时间、各环节负责人等要素。

对于一些需要多个环节流程、较多参与人员，且工作战线拉得较长的工作而言，使用工作推进表可以提高工作效率、规范工作安排、防止流程不清晰。

这个表格在现代职场中扮演着不可或缺的角色。它不只是一个简单的文档或表格，更是个人或团队实现高效协作的工具。

制订工作推进表是一个高度系统化、结构化的过程，它要求我们具有严谨的思维，具备细致的规划能力。

在制订工作推进表时，我们不仅要对项目的整体目标有深刻的理解，还要将这些目标细化为具体、可操作的任务，并合理安排这些任务的执行顺序和时间节点。

工作推进表

项目名称：

时间：

序号	子项目	负责人	时间节点	详细执行内容	执行情况

以下是制订工作推进表的基本步骤。

第一步，明确任务目标。

首先，我们要确定一个清晰的任务目标，这个目标应该是具体的、可量化的、可实现的，并且能够作为整个工作推进表的导向；其次，我们要将这个最终任务目标分解为若干个阶段性目标，这些目标将作为工作推进过程中的里程碑，可以用格外鲜艳的颜色将其进行标注。

第二步，细化分解任务。

这一步骤是对阶段性任务的细化，即将实现这一阶段性目标所需的所有任务简要地描述出来。这些任务应该是具体的、具有可操作性的。

第三步，制订时间表。

首先，根据各子任务之间的依赖关系和优先级，确定各子任务的执行顺序，这样能够避免任务之间的冲突和延误；其次，为每个任务设定明确的开始时间和结束时间；最后，将以上这些内容整合到一张表格中，形成工作推进表的轮廓。

第四步，分配责任人。

为每个任务分配明确的责任人。比如，一项任务需要美术、策划、文案、场地等多个环节的配合，那么在制订推进表时，就要细化到各个环节的具体负责人员的名字。这样能够确保责任人之间顺畅地交流信息、协调工作和解决问题。

第五步，实时监控和调整。

定期监控工作推进表的执行情况，确保计划的顺利执行，如果出现意外情况，就要及时联系责任人了解情况并对工作表做出适当的调整。

制订工作推进表的五个步骤

明确任务目标

细化分解任务

制订时间表

分配责任人

实时监控和调整

　　我们可以根据自己的工作性质、要求和习惯在整张表格的基础上做出调整。详细且完整的工作推进表不仅不会让人眼花缭乱、无从下手，反而对于提高个人和团队的工作效率有很大的帮助。

　　从操作难度和适用性、普及性等方面看，职场中最常用的工作推进表制作工具有 Excel 和 Microsoft Project 两种。Microsoft 家族中各个子产品的强大功能相信用过的人都了解，操作简单又容易上手，对于新手来说十分适合。

5

计划时间：如何做长周期的任务规划

在面对那些需要花费数月乃至数年才能完成的长期工作项目或个人学习目标时，制订一个能够高效执行的任务规划方案变得尤为重要。这样的规划不仅涉及任务的分解与阶段性目标的设定，还涉及如何科学合理地分配每一天、每一周以及每一阶段的精力与资源，以确保任务的完成。

在制订长周期的任务规划时要注意以下几点：

第一，要对整体目标有清晰而深入的认识，并能够将其细化为一系列可量化、可实现的小目标。

这样做有助于我们保持动力，因为每完成一个小目标都是对自我能力的一次肯定，也是为最终成功所做的铺垫。同时，分解目标有助于我们在面对长期挑战时保持专注，避免被庞大的任务量所压垮。

第二，灵活性不可或缺，要预留一定的缓冲时间来应对不可预见的延误或变故。

第三，定期回顾与调整规划也是关键一环。

通过反思过去一段时间对规划的执行情况，我们可以发现存在的问题，及时优化时间规划，可以确保后续工作更加高效顺畅。

如果你现在要制订一个长期的任务规划，那么你就要想清楚：

- 为什么要制订这个规划？
- 通过这个规划你将实现什么？
- 你将以什么行动来确保这个规划的实现？

明确这几点，能让你的任务规划根植于真实的自我需求之中。当你深入思考并回答完这些问题后，内心会不由自主地涌起一股难以言喻的激动与憧憬，就说明这个规划是你真正想要追求并愿意付诸实践的。

根据简易难度，我们可以把长期规划分为简单长期规划和复杂长期规划两种。

· 简单长期规划

指对那些相对简单且容易实现的目标的规划，比如"每个月看一本书，每次看 30 分钟""每个星期写一篇日记，抒发情感、思考总结"等。这类规划相对简单，努努力就能完成，属于做了就能有收获的类型。

· 复杂长期规划

复杂长期规划的目标相对复杂，每个子任务之间环环相扣，执行起来也不容易，短期内无法看到收益。比如"保持健康""自主创业""实现梦想"等，需要若干年，甚至几十年来执行。不确定是否能完成的目标就属于复杂长期规划，虽然目标明确，但实现过程很复杂，过程中还可能会出现各种各样的情况。

比如，为了实现梦想，我们不仅要提高自己全方位的能力、学习各种相关的前沿知识，还要保持身体和心理健康，防止身体出现问题，阻碍梦想的实现。

那么，为了保证身体和心理的双重健康，我们就要每天坚持锻炼、摄入健康食物、定期体检、进行锻炼等。

这个复杂的规划需要我们充分考虑多方面的因素和各种可能发生的交叉事件，逐条落实、不断补充和修改。并且每一个子目标都不容易实现，有时候为了实现它们，我们还需要调整一些个人习惯，如赖床、沉溺于电子产品等。

长期规划有以下几个步骤。

第一步，明确目标。

首先，需要明确个人目标和职业目标。个人目标涉及健康、学习、人际关系等方面，而职业目标则包括晋升、技能提升或创业等。明确自己的目标有助于为规划提供方向。

第二步，分解任务。

可以按照不同时间段或节点将长期目标分解为若干个短期目标。同时，为每个短期目标制订详细的行动规划，确保这些规划是可行的，并能帮助我们逐步达成长期目标。

第三步，确定依赖关系。

依赖关系指的是项目中不同任务之间在时间顺序上的关联性，即一个任务的开始或完成依赖于另一个任务的开始或完成。依赖关系有以下几种类型：

a. 强制性依赖关系：又称硬逻辑关系，这种依赖关系是由工作的内在性质决定的。比如，在建筑项目中，必须先搭好地基，才能进行上部结构的施工。

b. 选择性依赖关系：又称首选、优选逻辑关系，这种依赖关系是基于具体目标的特定需求而定的。即阶段性目标可以按不同顺序完成，但我们出于某种原因选择特定的顺序。

c. **外部依赖关系**：这种关系往往不在我们的控制范围内，无法预料和操控，因此需要对其密切关注。

第四步，设定时间框架，制订时间计划表。

即合理规划时间，确保每个阶段性目标都能有充足的时间去完成。同时，需要将工作、学习、休息和娱乐等时间考虑进去，避免过度疲劳。长时间的高强度工作也会使我们难以将这项长期计划坚持下去。

第五步，灵活应对，留出缓冲时间。

当制订计划后，就需要坚定地执行，通过每天的行动来逐步实现短期目标，进而推动长期目标的实现。在执行过程中，可能会遇到各种意外情况或优先级的变化，此时，需要灵活应对，根据实际情况及时调整计划，确保目标仍然具有可实现性。

制订长期规划的五个步骤

 分解任务

 明确目标

明确个人目标和职业目标

个人目标：健康、学习、人际关系等

职业目标：晋升、技能提升、创业等

- 按照不同时间段或节点来分解
- 为每个短期目标制订详细的行动规划

 确定依赖关系

a. 强制性依赖关系（硬逻辑关系）：由工作的内在性质决定

b. 选择性依赖关系（首选、优选逻辑关系）：基于具体目标的特定需求而定

c. 外部依赖关系：不受控制，无法预料与操控，需要密切关系

设定时间框架，制订时间计划表

- 合理规划时间
- 将工作、学习、休息和娱乐等时间考虑进去
- 避免高强度工作

 灵活应对，留出缓冲时间

- 制订计划后，坚定地执行
- 保持灵活性，根据实际情况及时调整计划

工具：时间计划表

时间计划表

具体时间	计划事项	备注

6

任务拆解：
如何简化工作流程，提升效率

　　任务拆解，顾名思义，就是将一个复杂的任务或项目分解成若干个小而具体的子任务或步骤。这一过程不仅有助于我们更加清晰地理解整个任务的结构和关键节点，还能为任务的执行提供明确的指导和路径。

　　将复杂任务细化为子任务后，每个子任务都会变得更加具体和可操作，大大降低了执行的难度。明确的子任务列表可以使项目进展一目了然，减少因任务模糊而导致的反复修改，提高任务执行效率。同时，将复杂任务拆解后，能更容易识别潜在的风险，并提前制订应对措施。

如果子任务不够明确，缺乏具体的步骤和清晰的边界，就会导致我们难以准确把握子任务的真正内容和要求。

拆解任务时主要要注意两个原则。

第一，评估现有流程，去除不必要的步骤。

要学会识别并拒绝那些不符合当前目标或优先级的额外任务，将那些不增加价值、不促进目标实现的环节从工作流程中剔除。在去除冗余的同时，也要确保不破坏工作流程的完整性和连贯性。

在日常工作中，我们时常会面临来自各方面的请求和任务，其中不乏一些看似重要，实则与我们当前的核心目标相去甚远的任务。为了保持工作的焦点和效率，我们必须学会说"不"，将有限的资源和精力集中在那些真正能够推动我们向前发展的任务上。这就需要我们具备清晰的自我认知和坚定的立场。

第二，设置优先级，批量处理相似任务。

设置优先级并高效地批量处理相似任务，是提升工作效率的关键策略。在明确长期目标和短期目标的基础上，可以使用"艾森豪威尔矩阵"等工具来区分任务的紧急和重要程度，优先处理紧急且重要的任务。

在优先处理紧急且重要的任务时，我们还应当注重使用"批量处理"的方法来提高效率。**对于性质相似或流程相近的任务，我们可以将它们集中在一个时间段内统一完成。**这样做的好处在于，可以减少在不同任务间频繁切换所导致的时间浪费和注意力分散，使我们能够更快地进入工作状态并保持高度的专注力。

拆解任务的两个原则

1. 评估现有流程，去除不必要的步骤

2. 设置优先级，批量处理相似任务

工具：任务拆解图

任务拆解图

1　子任务

2　子任务

主要任务

3　子任务

任务拆解图是一种用于将复杂任务分解成更小、更易于管理和执行的子任务的图表或流程图。这种图表可以清晰地展示任务之间的逻辑关系、执行顺序和依赖关系，从而帮助我们更有效地规划和执行工作。

使用任务拆解图，首先，要明确需要拆解的主要任务或项目，并将这个主要任务细分为一系列具体的子任务。然后，根据子任务的逻辑关系确定其执行顺序，避免资源浪费和时间延误。

任务拆解图和任务列表的区别：

作为一种图示化的工具，任务拆解图能够将复杂的任务或项目分解为更小、更具体的子任务，帮助我们宏观地理解任务的全貌，把握任务之间的内在联系。并且，随着任务的推进，我们还可以灵活地对任务拆解图进行调整和更新。

而任务列表只是一种文本或表格形式的任务清单，它更注重于任务信息的记录和管理。

- 如何战胜拖延
- 如何持续保持专注状态
- 如何克服懒惰和消极情绪

第四章

清除阻碍：让时间管理变得更轻松

如何战胜拖延

拖延症、强迫症、手机成瘾症、选择困难症被称为"四大都市时代病"。而拖延症位列之首，在我们的日常生活中普遍存在。毫不夸张地说，每个人都或多或少存在这个问题，只是轻重程度有所不同。

比如：

- 早上起不来的时候给自己设置了无数个"5分钟"时限。
- 因为双方的各种临时借口，和朋友约定好的聚会一拖再拖。
- 学一门乐器前给自己买了很多教材和辅导用具，

但坚持了两三天就放弃了……

尽管拖延者知道这样的行为会带来不良后果，但他们还是会顺从自己内心的懒惰，找各种借口推迟。他们可能会因为禁不住某些事物的诱惑、缺乏自我控制力、对任务产生畏惧心理等，陷入"拖延——焦虑——再拖延"的恶性循环中。

拖延，这个看似无害的习惯，实则是横亘在我们追求自我成长与发挥潜能道路上的一个隐形障碍。它是我们内心深处一种复杂心理机制的外在表现——一种不自觉地逃避现实困境、抵御外界压力与自我期待落差的策略，阻碍着我们前进的步伐。

尤其是当我们面对那些需要高度集中注意力，会耗费大量精力与时间的具有挑战性的任务时，如复杂的项目规划、繁重的学术研究等，拖延便如同被唤醒的"猛兽"，悄无声息地潜入我们的意识之中。

"拖延"利用大脑对即时满足的渴望，以及对未知困难的本能畏惧，一次次地将我们内心刚刚燃起的"现在就行动"的火苗扑灭，转而用"再给我5分钟休息时间""明天再做也不迟"等借口，温柔而坚定地将我们拉回舒适区。

在这样的循环往复中，我们渐渐习惯于用短暂的逃避换取片刻的安宁，却忽略了这种逃避背后所累积的焦虑、自责与挫败感。拖延不仅消耗了宝贵的时间资源，更侵蚀了我们的自信心与自律能力。

但拖延并非不可战胜。它更像一面镜子，映照出我们内心深处对未知的恐惧以及对完美的追求。

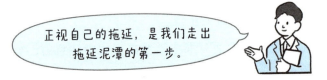

正视自己的拖延，是我们走出拖延泥潭的第一步。

（1）认识拖延：揭开它的真面目

拖延，通常表现为对即将进行的任务或活动产生无端的抵触情绪，习惯性地推迟其开始或完成时间的行为模式。

拖延的成因主要包含两大因素：第一，心理因素；第二，生理和环境因素。

心理因素

心理因素包括完美主义倾向、自我控制能力不足、时间管理不当和情绪困扰四个方面。

许多拖延者追求完美，担心自己的表现无法达到预期的标准，因此迟迟不敢开始。他们害怕失败，担心自己完成得不够完美，从而选择逃避。他们内心深处对完美的渴望，往往演化成了一种对自我表现的过度苛求，使得在面对任何任务时，都显得异常谨慎和犹豫不决。

他们期望自己的工作成果无懈可击，不想出现任何瑕疵，因为担心这些瑕疵会成为他人评判自己的依据，进而影响自己的形象和自尊心。

这种对完美的执着追求，在无形中增加了完成任务的难度，使得原本看似可行的计划变得遥不可及。拖延者会反复审视每一个细节，不断进行自我质疑，担心自己的创意不够新颖、分析不够深入、表达不够精准……

这种无休止的自我审视，不仅消耗了大量的时间和精力，还极大地削弱了他们的行动力。他们害怕一旦开始就会出现不足，进而面临失败的风险。因此，他们选择了一种看似安全的逃避方式——拖延，以此来避免可能存在的不完美或失败。

一位才华横溢的设计师，常常因为追求完美而陷入拖延的困境。每当她接到一个新的设计项目时，总是满怀激情地想要创作出令人惊叹的作品。随着设计工作的深入，她对自己的要求越来越高，每一个细节都力求完美无瑕。

她会不断推翻自己之前的想法，重新构思、重新设计，甚至对颜色搭配、字体选择等微小细节也要反复斟酌。这种对完美的追求，让她在设计过程中屡屡陷入僵局，进度一拖再拖。

所以，每次当截止日期临近时，她才匆忙赶工。虽然也能完成任务，但往往因为时间紧迫而无法达到自己最初设想的完美标准。这种经历让她深感挫败，但她又无法摆脱完美主义的束缚，于是她只能在后续的项目中继续重复着拖延。

拖延者常常发现自己深陷于一个极具诱惑力的旋涡之中，那就是即时满足的陷阱。在这个数字化时代，社交媒体、电子游戏等娱乐方式如同磁铁一般，吸引着他们的注意力，成为他们逃避现实责任、推迟完成任务的"避风港"。这些令人分心的事物以其独特的魅力，不断打断拖延者原本就脆弱的注意力，使他们难以将心思集中在当下的任务上。

社交媒体上不断刷新的消息提示、朋友圈的动态更新、短视频的定制推送，每一个都像是精心设计的诱饵，引诱着拖延者点击、浏览、参与。

他们原本打算利用短暂的休息时间放松一下，告诉自己："就这一局，打完我就去工作。"却不料这一放松让休息变得无休止，时间就这样在指尖中流逝了。当他们终于意识到该回到任务上时，却发现已经错过了最佳的工作状态，甚至已经忘记了之前想要做什么。

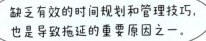

缺乏有效的时间规划和管理技巧，也是导致拖延的重要原因之一。

　　拖延者往往在面对众多任务时显得手足无措，难以对任务的优先级作出清晰的判断。这种模糊性和不确定性，为拖延行为提供了温床，使得任务一再被推迟，最终可能造成积重难返的局面。

　　具体来说，拖延者会陷入一种"先易后难"的误区，即优先处理那些简单、轻松或紧急但不重要的任务，而将复杂、耗时或长期规划的任务一再搁置。他们认为这样做可以迅速获得成就感，但实际上却是在逃避真正需要投入时间和精力去完成的任务。

　　此外，拖延者还可能缺乏将大任务分解为小步骤的能力，导致他们在面对庞大的工作量时无从下手，进而产生畏难情绪，选择逃避。

　　更为严重的是，许多拖延者甚至没有为任务设定明确的截止日期，或者即使设定了也不够具体和紧迫。这种缺乏紧迫感的状态，让他们失去了对时间的敏感性和对任务的责任感，认为"还有时间""明天再做也不迟"。

然而，当无数个"明天"累积起来时，他们才会猛然发现，自己已经远远落后于既定的计划，甚至可能错过了重要的机会和期限。

焦虑、抑郁、压力等负面情绪也会影响他们的行动力。拖延者通常通过拖延来暂时缓解这些负面情绪，但从长期来看，这只会使问题变得更加严重。

· 生理、环境因素

每个人的生物钟和能量水平都有所不同，比如有些人在早晨最为清醒和高效，而有些人的思维则可能在夜晚更加活跃。如果没有根据自己的生理节律来安排任务，就容易出现拖延现象。

另外，嘈杂的工作环境、不舒适的工作空间以及频繁的社交互动等，都可能成为干扰因素，影响我们的专注力和工作效率。

所以，有的人喜欢去图书馆、咖啡馆学习或工作，这样的静谧环境更容易让人保持专注。

需要明确的一点是，拖延并不等于懒惰、摆烂。

深入剖析这一现象，我们不难发现，将习惯性拖延简单地等同于"懒惰"或"摆烂"，实则是一种过于表面且片面的理解。懒惰，作为一种生活态度或性格特质，确实可能让人们对某些任务或责任产生逃避心理，但这种逃避往往伴随着一种内心的平静与自我接受，即"我虽未行动，但我对此感到舒适"。

懒惰的人可能并不急于改变现状，因为他们并未因此感受到来自外界或内心的强烈压力。

相比之下，拖延则是一种更为复杂且令人困扰的心理现象。它不仅仅是对任务的逃避，更是一种深刻的内心冲突与挣扎。拖延者面对任务时，内心往往充满了恐慌与焦虑，他们能够清晰地预见任务未完成可能带来的负面后果，如错失机会、影响评价、自我价值降低等。然而，即使是在这种强烈的负面预期下，他们依然难以立即采取行动。

这种困境，正如社会心理学家卡伦·霍妮所描述的那样："好比是踩着刹车又想驱车前行。"拖延者的内心仿佛被两种力量同时拉扯：

一方面，对完成任务的渴望和对失败的恐惧，这驱使他们想要前进。

另一方面，根深蒂固的拖延习惯、自我怀疑、完美主义倾向或是其他心理障碍等，如同沉重的刹车，阻碍着他们的行动。

（2）战胜拖延：行动比想法更重要

战胜拖延最重要且十分实用的一点：**立刻动手做**。

不管我们对这项任务有什么顾虑，当我们计划在某个时间开始这项任务时，就要按照计划坐在书桌前，打开电脑，或者拿起笔。当我们敲下或者写下第一个字时，就已经战胜了自己的拖延。

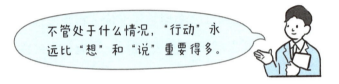

不管处于什么情况，"行动"永远比"想"和"说"重要得多。

当我们想要赖床，想停留在舒适区的时候，就要立刻把这个念头掐断，用"**正向激励法**"来引导自己。

比如，可以想想如果早起将会得到什么。如马上可以换上为今天工作准备的新衣服，喝到公司对面咖啡馆的限时供应咖啡，能够在工位上慢悠悠地享受自己的早餐等。

有了这样的心理建设，起床便不再是一项艰难的任务了，而会变成一个开启美好一天、实现自我价值的起点。我们要学会将日常生活中的每一个行为，都转化为对自己的一种奖励与肯定。让按时起床这样的日常行为，也充满仪式感与幸福感。这种心态的转变，不仅能够帮助我们克服拖延，更能激发我们对生活的热爱与追求。

以下是一些帮助我们战胜拖延的方法。

第一，设定明确的目标。

工作中的每一天都有必须要完成的任务。不妨试试在睡前给自己一个心理暗示：明天我肯定能完成这项工作。

在脑海中将自己第二天的工作流程尽可能想具体，想象自己如何有条不紊地开始新的一天。从晨会的汇报到项目进度的跟进，从与同事的协作讨论到独自解决难题，每一个细节都要在脑海中逐一上演。

这样的"预演"不仅能够帮助我们提前规划好工作的步骤，减少临时决策带来的混乱与低效，还能够在心理上为我们构建出对工作的期待与热情。当我们对第二天的工作流程有了清晰的认识，对即将采取的行动有了具体的想法，那份对实践的渴望与尝试的期待便会油然而生。

第二，制订详细计划，并严格执行。

这一步骤简单来说就是"**拆解任务**"。将让我们产生拖延心理的任务视为总任务，然后尽可能地将这个总任务细化为多个子任务。

如果我们原本的计划是在一周内写完一篇文章，那么我们就可以先把这个任务进行初步细化，即每天写5000字。

一天又可划分为上午和下午，那么每天写5000字这个子任务，还可以进一步细分为：上午写2000字，下午写3000字。我们甚至可以将任务细化到每30分钟写多少字的程度。

随着这个目标字数越变越小，我们就会觉得没有必要拖延了。

第三，克服完美主义。

完美主义在某种程度上确实能激发我们的潜能。但过度追求完美，这种优点慢慢变为一种负担。要克服完美主义，就要认识到世界上没有绝对的完美。

每个人都有自己的局限和不足。我们可以将注意力从"我必须是完美的"转移到"我可以通过努力变得更好"，将挑战视为自己成长的机会，而不是失败的预兆。

每当我们在某一个工作任务上取得进步、获得表扬时，请学会给予自己正面的反馈和奖励，不要将视线聚焦于自己的不足和缺憾上。

第四，学会抵制生活中的诱惑和障碍。

每当我们准备开始工作或学习时，身边的诱惑总会显得格外多，连手机误触弹出的弹窗视频都显得有趣起来，甚至家中的零食柜、舒适的沙发、办公桌上飞来的小虫子等都在无声地邀请我们暂时逃离眼前的任务。

为了清除掉这些障碍，我们需要培养强大的自律能力，设定清晰的界限，明确什么是当前应该做的、需要做的，也就是锻炼和培养自己的专注力。

战胜拖延的四个方法

如何持续保持专注状态

在这个信息爆炸、快节奏的时代里，我们每天都不可避免地要同无数干扰信息做斗争，我们的注意力也在被各种琐事不断分割、拉扯。

最常见的例子莫过于，当指尖轻触手机屏幕时，无数消息弹窗会如同潮水般涌来，它们或紧急，或无关紧要，却无一不在争夺着我们宝贵的注意力，将原本连贯的思维链条切割得支离破碎。

除了这些显而易见的打扰外，还有一个更为隐形的"敌人"——信息茧房，它以一种温柔而狡猾的方式，在我们周围搭建起一座座认知壁垒。

在这个茧房内，我们被个性化推荐算法所塑造的信息流所包围，只接收与自己兴趣、观点相契合的内容，从而逐渐失去了接触多元观点、拓宽视野的机会。这种认知的局限，不仅限制了我们的想象力与创造力，更可能让我们在不知不觉中陷入故步自封的境地。

而专注力正是决定我们能否从干扰中脱身，以及是否能高效完成任务的关键。

保持专注状态是实现高效工作和生活的有效方法。提升专注力，我们便能将全部精力聚焦于当前的任务上，减少不必要的错误和重复劳动，从而在更短的时间内达到更好的效果。

通过持续的专注训练，我们能够培养一种心流状态。在这种状态下，创造力与灵感会源源不断，工作会变得轻松自如，仿佛时间都在为我们加速。

以下是一些可以帮助我们提高专注力的方法。

第一，把手机放在看不见的地方。

智能手机是影响我们专注力的最大障碍。我们无时无刻不把手机握在手里，除了工作需要，无目的地随意滑动屏幕也渐渐成为我们的下意识行为，这会大大消耗我们大脑的专注力。

我们需要认清楚手机的本质是什么。抛开手机带给我们的种种便利，它只是一个方便我们生活的电子产品。当这种方便变成了拖累，手机对我们而言就变成了负担，我们需要适时抛弃它。

要想专注地看完一份资料、一本书，我们最好将手机放在自己看不见的位置。我们的大脑可能需要好几分钟才能适应没有手机的状态，甚至会在沉浸式阅读前时不时地提醒我们：可能来消息啦，赶快打开手机。

不过，请相信，战胜最初的诱惑是值得的。正如一句话所说："凡是能让你上瘾的，最终都会慢慢毁掉你。"

第二，找到适合自己专注工作的环境。

抬头看看你的周围，此刻你是在什么地方读这本书？是在书房、卧室，还是咖啡馆里？你现在身处的这个环境能够让你丝毫不受影响地读完这本书吗？

换个环境是培养专注力的最佳方式之一。

我们在学校的时候，总能听到前辈、老师的劝诫："千万不要在宿舍里学习，除非你拥有超强的自控力。"开始工作后，尽管抗拒，但不得不承认，那些独自留在办公室加班的夜晚，竟成了思维最为活跃与敏锐的黄金时段。

一个环境，若能最大限度地减少干扰与分心，便是促进专注的理想之地。我们应当积极培养习惯，主动寻求并常驻于这样的场所，如安静的咖啡馆、藏书丰富的图书馆或是个人书房，以提高我们的专注力与工作效率。

第三，避免走神。

让我们分心的事物随时会出现，即使我们远离手机，去一个没有信号且荒无人烟的僻静处读书，我们还是可能会分心。因为让我们分心的事物不仅存在于外界，还源于我们内心。比如，当我们看到某句话时，大脑就会开始联想，接着便控制不住地发散思维，越想越深，等我们回过神来，自己已经分神十几分钟了。

走神有很多种形式，这是完全正常的，每个人都会走神。如果善加利用，走神也会发挥出强大的作用。

不过，当我们发现自己的专注力因为走神而减弱，当下的任务或目标因为走神而受到影响时，我们便要开始正视自己走神这件事，并做出一些调整。

比如放下正在看的书，站起来舒展一下身体，眺望远方，休息十分钟后再继续阅读。

这种在工作中途短暂离开进行"充电"的方式，可以帮助我们重新调整思绪，凝聚专注力，保持大脑清醒，继续工作。

第四，关闭自己的及时回复神经。

作为一名合格的职场人，我们早已习惯了消息一弹出，就立刻查看；一收到领导的信息，就下意识地停下手中的工作及时进行回复。这种无须思考的习惯性行为也是阻碍我们维持专注力的因素之一。

将注意力凝聚起来，放在最重要的目标上，激活大脑的高度专注模式，才是我们应该追求的工作状态。

提高专注力的四个方法

1. 把手机放在看不见的地方

2. 找到适合自己专注工作的环境

3. 避免走神

4. 关闭自己的及时回复神经

回想一下，你是否有过相似的经历：

你不但完成了大量的工作，使工作进度极大地向前推进了，还觉得时间过得飞快，转瞬就快下班了。而这一天或许还发生了很多其他的事，但你却一概不知。如果你遇到了这种情况，那么恭喜你，你进入了高度专注模式。

起初，你可能只是想完成一项简单的任务——也许是出于需要，或者是受截止日期的驱动，但慢慢地，这项任务占满了你的注意力空间。

- 你非常专注地完成一个接一个的工作，没有手忙脚乱，也没有频繁切换不同的工作内容。
- 你发现自己沉浸在一种近乎完美的工作流之中，每一个动作、每一个决策都显得那么自然流畅，没有丝毫的慌乱与犹豫。
- 你没有在多个任务间疲于奔命，也没有因频繁切换工作内容而分散精力，仿佛整个世界都为你手中的这项工作让路。

这份专注，源自任务本身的恰到好处：既非艰巨到令人望而却步，激发出了逃避的惰性；也非轻松到让人轻视，以为可以轻易搁置至最后一刻。它恰到好处地出现在我们的最近发展区内，既富有挑战性，又给予我们足够的信心与动力去持续探索。

在工作和生活节奏都非常快的今天，我们或许会觉得进入高度专注模式是一件非常困难的事，但事实并非如此。

高度专注，意味着我们可以以不那么忙碌的状态去处理较为复杂且耗费时间较多的工作任务。高度专注地工作一小时所完成的工作量，往往远超过在多个任务间切换数个小时所完成的工作量。

在高度专注的状态下，我们能够迅速抓住问题的核心，采取最有效的方法去解决，避免了在细枝末节上浪费时间和精力。同时，我们也能够保持对整体进度的清晰把握，确保每一步都朝着既定的目标稳步前进。

相比之下，那些未经考虑、随意分配的任务，往往由于缺乏明确的目标和计划，会在执行过程中频繁出现偏差和延误。我们不得不在多个任务之间来回切换，这不仅会打断我们的工作节奏，也会消耗我们的精力和耐心。最终，这些任务可能只是勉强完成，甚至可能因为时间紧迫而草草收场，质量也大打折扣。

科学研究表明，专注模式会经历四种状态：开始专注、开始走神、觉察走神、再次专注。

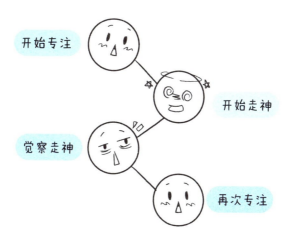

开始专注

开始走神

觉察走神

再次专注

　　根据这点，我们可以将进入高度专注模式的步骤归纳为以下四点：

- 选取一件需要我们花费精力和时间的较为复杂的工作作为专注目标。
- 尽可能清除外部和内在让我们分心的事物。
- 专注于当前的工作中。
- 不断觉察自己分心和走神的现象，并提醒自己将注意力重新放到工作中。

　　除此之外，设定明确的目标、合理规划时间、创造有利于专注的环境，我们就可以逐渐培养起强大的专注力。

如何克服懒惰和消极情绪

要想克服懒惰和消极情绪，我们先要理解这两者的本质是什么。

从生理学的角度来看，懒惰往往是大脑的一种自我保护机制。大脑，作为人体最复杂，也最耗能的器官，倾向于维持一种相对稳定的能量消耗状态。当面对需要付出额外努力或改变现状的任务时，大脑可能会释放出一种"惰性"信号，试图引导我们回避那些看似艰巨或不确定的挑战。

这种机制在一定程度上有助于保护我们免受过度压力的伤害，但在现代社会中，它却常常成为阻碍我们成长与进步的绊脚石。

进一步分析，懒惰还可能与大脑中的多巴胺等神经递质密切相关。多巴胺作为一种奖励性神经递质，通常在我们完成某项任务或达成某个目标后释放，给予我们愉悦感和成就感。

然而，在任务启动之初，尤其是面对复杂或艰巨的任务时，多巴胺的释放可能并不明显，甚至可能因预期中的困难和挑战而减少，以至于我们缺乏足够的动力开始行动。

而焦虑、沮丧、失望等消极情绪，不仅会影响我们的心理状态，还可能引发一系列生理反应，如心率加快、血压升高、免疫系统功能下降等。这些生理反应进一步加剧了我们的疲惫感和无力感，使我们更容易陷入懒惰和拖延的恶性循环之中。

认知心理学深入揭示了大脑运作的一个核心机制：大脑倾向于将烦琐复杂的控制加工过程逐渐转化为高效流畅的自动化加工过程，旨在最大限度地利用资源，确保能量与精力的高效配置。

而习惯是大脑为了减轻认知负担、追求更加舒适与省力的状态而精心编织的自动化行为网络。习惯一旦形成，就如同为日常工作和生活铺设了便捷的轨道，使得我们能够无意识地、自然而然地执行一系列任务，从而释放更多的心智资源去应对新的挑战。

然而，改变习惯却是一项艰巨的任务，因为它要求我们逆转这一自动化的行为，用意志力和注意力加以控制。这一过程往往伴随着不适感与抵抗，因为它与大脑固有的"懒惰"倾向——即倾向于维持现状、避免额外努力的天性——相冲突。

从这个角度来看，每个人的内心深处都蕴含着一种对省力的渴望与追求，这种倾向在大脑的日常运作中体现得淋漓尽致，它促使我们不断探索和依赖那些能够减少能量消耗、提高效率的路径。

理解了懒惰和消极情绪的本质之后，我们就可以运用一些策略来平衡大脑的省力需求与实现长远目标的需要了，以此克服自己的懒惰和消极情绪。

第一，找到自己懒惰和消极的真相。

当我们未能很好地完成任务时，我们或许会不由自主地反思：是任务的艰巨性超乎了预期，还是我们的自身能力尚须磨砺与提升？如果排除了生理层面的干扰，如健康问题或体力不支等因素，我们更应深入剖析心理层面的动因。

懒惰与消极情绪，往往根植于对未知领域的畏惧，以及对当前状态的一种潜在不满与逃避。

此时，一个有效的做法是暂停我们当下的所有工作，进行一场深刻的自我反思。**我们需要认真地分析：究竟是什么成了阻碍自己前进的绊脚石？**

是周遭环境的纷扰，如不绝于耳的噪声、频繁被打断的工作交流、来自领导与同事的额外任务请求，无形中增加了心理压力？还是对挑战的抗拒在不经意间削弱了我们的行动力与决心？

认识到这些潜在的阻碍因素是迈向改变的第一步。通过反思和自我评估，了解自己懒惰和消极情绪背后的真正原因，才能更有针对性地制订应对策略。

第二，积极寻求帮助。

寻求外界的帮助，承认自己在工作中有偷懒的倾向并不是一件坏事。每个人的自制力都是不同的，这一点不必比较，因为自制力是可以训练出来的，不过需要好习惯的加持。

当我们发现自己正徘徊于懒惰与消极的边缘时，**一个有效的方法便是邀请朋友或同事成为我们的"自制力守护者"，通过监督与提醒的方式来帮助自己回归正轨。**

就像我们备考时，自制力稍弱的人往往喜欢找一个学习伙伴。这种相互监督的机制，不仅限于简单的提醒，更融入了深度的互动与激励。双方会通过提问、抽查等形式相互检验学习成果，确保双方都能保持高效的学习状态。

而当其中一方出现松懈迹象时，另一方则会毫不犹豫地采取行动，无论是温馨的提醒、幽默的"电话轰炸"，还是小额罚款机制，都可以让对方意识到保持专注与自律的重要性。

第三，为工作增加仪式感。

经过实践，我发现给自己的工作增加仪式感是避免我们对工作产生消极情绪的有效策略。

当工作环境让自己倍感舒适和亲切时，我们对工作的抗拒会不知不觉地减弱。

比如，可以在自己的办公桌上摆一盆绿植，每天工作疲惫的时候看看它，给它浇浇水，能够有效舒缓自己紧绷的工作神经。还可以给自己买一些好看的笔记本、实用便捷的办公用具，或者在自己的办公桌上布置手办等。

工作过程中的仪式感也十分重要。比如，可以为自己设定一个**"各就各位半小时"**倒计时，就好像站在跑道上等待裁判员发号施令，哨声一响，我们就要在规定时间内尽快到达终点。

将这个方法运用到工作中，每天到达公司后，可以立马为自己设定一个倒计时：15分钟后，我一定要进入工作状态。倒计时开始后，倒水、扔垃圾、整理文件等杂事都要在这 15 分钟内做完。时间一到，立马投入工作。

当然，这个方法是建立在我们清晰地知道自己当天的工作任务和流程的基础之上。

第四，设定明确的目标。

大家是否发现，一项任务临近截止日期时，是我们工作效率最高的时候。这个时候我们通常会神经紧绷，这种由内而发的紧迫感会使我们大脑中的懒惰和消极情绪全部被镇压，进而出现一股强大的驱动力，催促我们："快点，快点，再快点，时间来不及了。"

然后，我们的大脑便开始以前所未有的清晰和专注投入到任务之中，每一个想法、每一个动作都变得直接而高效。此时，我们不再被琐碎的杂念所干扰，而是全心全意地聚焦于当前的任务，力求在有限的时间内完成任务。

这种现象在效能圈子里被称为"帕金森定律（Parkinson's Law）"。它是时间管理中的一个概念，即只要还有时间，工作就会不断扩展，直至用完所有的时间。

因此，**聚焦自己的目标是避免懒惰和消极情绪产生的有效方法。**清晰、具体、可量化的目标能够帮助我们更好地凝聚注意力。将大目标分解为一系列小目标，每完成一个小目标都是向大目标迈进一步，这样的过程既能让我们保持动力，又能确保我们的注意力始终集中在正确的方向上。

第五，增强内在动力。

增强内驱力的关键在于发现并培养内在的热情与兴趣。内驱力比外驱力更能持久地推动我们采取行动。找到自己真正热爱的事情，从中感受乐趣和成就感，可以成为自己工作和生活的有效内驱力。

随着时间的推移，这种基于热爱的自驱力会逐渐内化为我们自身性格的一部分。慢慢地，我们会发现，自己在面对烦琐的工作和学习任务时，已经很少产生懒惰或消极的情绪了。

为自己寻找一个追逐和崇拜的榜样也是一种方法。当我们从内心深处认同和欣赏一个人时，我们会不由自主地想从行为、思维等方面向他学习，成为一名像他一样优秀的人。

这种内在的驱动力是无比强大的，它源自我们内心最深处的渴望与向往，而非外界的任何压力或强迫。

因此，在我们努力向榜样靠拢的过程中，无论是调整工作习惯、优化时间管理，还是深化专业知识、拓宽思维视野，所有的改变都是自然而然发生的，仿佛有一股无形的力量在推动着我们前行。我们不仅不会感到丝毫的抵触或厌倦，反而会乐在其中。

克服懒惰和消极情绪的五个策略

- 是什么导致了无精打采
- 提升精力状态的四个维度
- 如何平衡工作和生活

第五章

精力管理：为自己的高能状态持续蓄力

是什么导致了无精打采

- 明明自己什么重活都没干，但下班后为什么还是觉得累？

- 明明睡了9个小时，为什么还会犯困，全身无力？

- 想要放松，于是去度假，但为什么还是对生活提不起热情？

无精打采是疲惫的一种表现形式，它远不止身体上的疲倦，还可以深层次地理解为"心理疲劳"。作为一种内在的心理现象，心理疲劳指的是我们在长期面对压力、挑战、重复性工作或情感消耗后，心理上产生的一种能量耗竭感。比如，对日常生活失去兴趣和热情，注意力难以集中，思维迟缓，甚至伴随着情绪低迷、易怒或焦虑等负面情绪。

这种状态有多方面的原因，如工作压力过大、人际关系紧张、生活节奏过快，或个人目标与现实差距过大产生了挫败感。严重的心理疲劳不仅会影响我们的工作效率和生活质量，还可能对我们的身心健康造成长远的不良影响，如引发睡眠障碍、免疫力下降等生理问题，加剧抑郁、焦虑等心理疾病的风险。

疲惫是一种持续不断的体验。我们原本的精力、能力有时会被烦琐的工作和生活耗尽，这是一种难以摆脱的日常疲惫。很多人不愿意提起，想要将其掩盖起来，甚至营造出一种"我时刻充满活力"的假象，但这反而是缺乏活力的表现。

而这种现象普遍存在。

《2024 年一线及新一线城市职场人心理健康洞察报

告》显示，职场心理问题咨询人群主要集中在22～35岁，这一年龄段正是职场主力军，他们因高强度的工作和对职业生涯发展的困惑，更容易产生疲惫状态。此外，数据显示，这部分人群中女性占比高达70%，远高于男性，这可能与女性在职场和家庭中的双重角色以及更细腻的情感体验有关。

当我们感知到自己"没有精力"时，这往往不只是主观上的疲惫，而是身体与内心都处于能量枯竭的边缘。

在快节奏的现代生活中，我们常常试图通过一些休闲方式来寻求放松与恢复，如看电影、运动、逛街、睡眠等，但这些活动带给我们的消耗比恢复要多，导致我们感到更加疲惫。如果我们找不到合适的疏导方法来帮助自己补充能量，那么我们的身体和心理早晚会垮掉。

下面我们将多维度地剖析一下导致我们无精打采的根源是什么，具体可细化为生活方式、生理因素以及工作环境三个核心方面。

生活方式

生活方式是如何导致身体疲惫的呢？这就不得不提及一系列不良习惯及其连锁反应。

首先，现代社会的快节奏生活使得快餐文化盛行，人们往往过度依赖高糖、高脂肪的快餐食品。这些食物虽然能够迅速提供能量，但缺乏我们身体所需的各种维生素、矿物质和膳食纤维，长期摄入会导致营养不均衡。这种不健康的饮食习惯会逐渐影响我们的精力，使我们感到疲惫不堪，缺乏活力。

其次，缺乏运动是导致身体疲惫的重要因素。随着科技的发展，我们的生活方式越来越趋向于久坐不动。无论是工作，还是娱乐，都更多地依赖于电子设备和网络。然而，如果长时间保持同一姿势，缺乏足够的身体活动，就会导致血液循环不畅，肌肉紧张僵硬，进而引发身体疲劳和不适感。

最后，睡眠不足对身体的伤害更是显而易见。一项发表在《美国心脏病学会杂志》上的研究表明，长期熬夜的人患心律失常的风险比正常作息的人高出30%。另外，一项由美国国立卫生研究院进行的研究发现，熬夜会导致心脏活动的异常，进而增加患心律失常的风险。

在数字设备的蓝光诱惑下，许多人忽视了充足的睡眠对于身体恢复和能量补充的重要性。长期睡眠不足会导致免疫力下降、记忆力减退、注意力不集中等一系列问题，会严重影响我们的生活和工作效率。

· 生理因素

生理上的疲惫源于人体内部生理机制的微妙失衡，它表现为一种由内而外的困倦感与机能运作的紊乱。疲惫不仅仅是体力上的透支，更是身体各系统间协同合作出现障碍的直观体现。

正如"疲劳驾驶"，这不仅仅是驾驶员主观上的疏忽或判断失误，更是长时间驾驶导致身体机能下降，尤其是神经系统和肌肉系统过度负荷，进而引发的反应迟钝、注意力分散等危险状态。

同样，气候变化和环境因素也是触发生理疲惫的重要外部条件。极端的气温、湿度变化，或是空气污染等环境问题，都可能影响人体的正常生理功能，导致我们更容易陷入昏睡状态。这种昏睡并非简单的困倦，而是身体为了应对不良环境而采取的一种自我保护机制，警示我们的身体正处于一种需要休息和恢复的状态。

工作环境

对于久坐办公室的我们而言，工作的疲惫感更多的是精神层面的疲惫。在这个追求快节奏、高效率的工作环境中，我们时常被一连串复杂而繁重的任务所包围，这些任务一旦启动，便如同启动了无法轻易暂停的轮盘，让我们不得不连轴转地投入到紧张的工作中。

每天我们的大脑都需要经历一场场激烈的"头脑风暴"，不断地挖掘创意、构思方案、解决难题。这种高强度的思维活动，要求我们在有限的时间内输出大量新颖且实用的策划方案，其挑战性与压力可想而知。

在这样的工作模式下，即便是精力再充沛的人，也难免会感到精神上的巨大消耗，时常会感觉头脑昏沉，仿佛刚做完一张高难度的卷子一样。

美国心理学家阿尔伯特·艾利斯认为，我们之所以在日常生活中频繁感受到焦虑，并非全然受外部事件或环境所影响，而是因为我们内心持有不合理信念。

这些不合理信念通常表现为绝对化要求、过分概括化和糟糕至极等极端的思维模式。

- **绝对化要求**：指的是我们对事物持有过于僵化、绝对化的看法，认为事情必须按照某种特定方式发生，否则就无法接受。
- **过分概括化**：是指将个别事件或行为的结果扩大化，以偏概全地评价自己或他人。
- **糟糕至极**：是一种极端悲观的预期，认为一旦某件事情发生，其结果必然是灾难性的，无法承受的。

　　例如，我们在职场中总会过分在意领导和同事对自己的看法。当我们看见同事们在角落对着自己窃窃私语时，我们就会不由自主地怀疑他们是否在嘲笑自己，从而感到焦虑和不安。

　　压力在每个人的身上都有不同的刺激源。有时候让我们倍感压力的工作任务，对于其他人来说可能没那么重要，他们反而对人际沟通等琐事更焦虑。

　　当我们体验到压力时，我们身体里的自主神经系统（ANS）就会把这种刺激发送到心脏、肌肉和腺体里，调控我们的身体反应。比如，在危险或紧张的环境中，交感神经系统就会加速我们的心跳和呼吸频率，我们可能会感到胃口不佳。自主神经系统对压力源的反应会经历三个生理阶段：警报阶段、抵制阶段和衰竭阶段。

　　在警报阶段，我们的身体会自动释放肾上激素以赋予自身能量。比如，每逢重大场合或考试时，我们总是想去厕所。随着压力源的持续存在，我们进入抵制阶段。

在抵制阶段，身体并未放弃抵抗，而是继续通过释放肾上激素等应激激素来维持能量水平，尽管这种能量可能不再像警报阶段那样汹涌澎湃。此时，我们可能会感到疲惫，但身体仍在努力维持一种平衡，以应对持续的压力。然而，这种高强度的抵抗也会逐渐消耗我们的能量，使得一些在警报阶段显著的身体反应开始减退。比如，心跳和呼吸频率可能逐渐回归正常。

如果压力源长时间得不到缓解，最终身体将进入衰竭阶段。这是一个危险的信号，因为长期的应激反应已经严重削弱了我们的免疫系统，使其变得脆弱不堪。免疫系统，作为我们身体的防御大军，一旦失去战斗力，各种病毒、细菌等病原体便有机可乘，导致我们更容易生病。

此外，长期的压力还可能引发一系列身心健康问题，如高血压、心脏病、抑郁症等，会严重影响我们的生活质量。在大量的压力下，人会变得更加急躁、愤怒和疲劳。

提升精力状态的四个维度

尽管一整天高度紧张的工作已经耗费了我们大量的精力，但这还没有结束。当我们拖着疲惫的身躯踏出办公室的那一刻，电话、邮件和微信还在不断提醒我们要继续工作。

回到家后，又有一大堆事情等待着我们处理：脏衣篓里有还没洗的衣服，洗碗池里有来不及刷的锅碗瓢盆，阳台上有需要浇水养护的植物……

这些看似微不足道的任务，对于已经非常疲惫的我们来说，成了难以背负的重担。有时，甚至和家人、朋友相处都变成了一种负担。许多年轻的职场人日复一日地在工作与生活的天平上挣扎，试图寻找一个平衡点。

然而，我们并非真的缺少时间去处理生活中的那些
琐碎事务。实际上，从理论层面深入剖析，除去每日固
定的工作时段，我们仍然拥有大量可自由支配的碎片
时间。

关键在于，我们需要通过优化
任务分配、提升工作效率，为
自己争取更多的"呼吸空间"。

当工作有条不紊地完成后，我们便能拥有更多连续
的、无负担的自由时间。在这段时间里，我们不仅能够
轻松应对家务琐事，如洗衣服、清理厨房、浇水施肥等，
还能享受到与家人共进晚餐的温馨时光。

那么，为什么我们无法做到呢?

原因在于，时间充足
并不等于精力充沛。

成功人士有一个引人注目的共同点：无论是在公众场合中，还是在幕后工作时，他们总能以充沛的精力示人。

然而，当我们深入探究这些成功人士的日常工作与行程时，会发现其背后的艰辛与不易远超我们的想象。他们的日程被安排得满满当当，从早到晚，会议、谈判、项目跟进、学习新知、个人反思……每一项任务都需要高度的专注与投入。

这样的工作强度，对于大多数人来说，或许早已是超负荷的状态，但他们却能游刃有余地应对。

这种反差，不禁让人深思：为何他们能够在如此繁重的工作负担下，依然保持如此旺盛的精力和积极向上的态度？

答案就是，他们的目标明确，对自我要求严格，对生活充满热爱。

精力是最宝贵的资源，当一个人感到精疲力竭时，即便拥有再充裕的时间，也难以高效地调动思维和执行力，因为身心疲惫会极大地削弱行动力与创造力。

但幸运的是，精力的储备和质量并非一成不变，通过有意识的锻炼与精心维护，我们能够显著提升其储备量并优化其质量。这种锻炼不仅涉及身体上的锻炼，更包含了心理层面的韧性培养和情绪管理，以及精神层面专注力与创造力的激发。

关于如何提升自己的精力状态，可以从四个维度来进行解读。

体能

我们从小就被父母要求：不要总是坐在电脑桌前，不要总是待着不动，吃完饭不要瘫着，出去散散步……这是因为不管是从健康上还是学习上来讲，锻炼身体总是一件正确的事。体能作为精力管理的基础，就好像汽车发动机的马力一样，直接影响着一个人的整体精力水平和表现。

在《美国国家科学院院刊》（PNAS）上，刊登了一期英国剑桥大学和美国国家老龄问题研究所关于"运动与大脑机能的关系"研究的联合报告。

他们将实验对象——一群小白鼠，巧妙地分为了两个对照组。在一个对照组的居住环境中特别设置了转轮跑步机，为小白鼠提供了自愿参与体育锻炼的机会；而另一个对照组则维持了常规的饲养环境，未配备任何运动设施。这样设置，旨在通过对比两组小白鼠在相同条件下的行为表现与生理变化，揭示运动对大脑功能的潜在影响。

研究的核心部分围绕一个简单的认知任务展开。研究人员利用先进的计算机技术，在小白鼠面前展示了一对看似毫无差别的方块图案。当小白鼠用其敏锐的鼻尖轻触左侧方块时，便会获得一块美味的糖果作为即时奖励。这一机制巧妙地利用了小白鼠的本能反应与学习能力，构建了一个考查记忆与决策能力的实验框架。

一段时间后，研究人员让所有小白鼠重复这一项实验，观察他们是否记得触碰哪个方块会得到奖励。需要注意的是，在这个过程中，研究人员逐步调整了两个方块之间的距离，直至它们几乎紧密相连，这无疑增加了小白鼠区分并准确选择奖励方块的难度。

这项对比实验持续了 105 天，最后的实验结果显示，笼舍中装有跑步机的那组小白鼠的正确率要比另一组高几乎一倍。对此，研究人员认为，经常运动会促进大脑中与记忆有关区域的细胞生长。

经测算，"跑步组"小白鼠平均每天跑 24 公里。研究人员通过化验它们的脑组织发现，它们海马体齿状回区的大脑灰质在实验期间发生增长。具体原因虽尚不明确，但可能与运动加速血液循环和运动中产生的激素有关。

剑桥大学的研究小组认为，小白鼠的这项实验结论也适用于人类。这一发现不仅为预防与改善认知衰退、促进脑健康提供了新的视角与策略，也进一步强调了运动作为生活方式重要组成部分的不可替代性。

在我们的日常生活中，运动带来的益处无处不在，只要稍加留意便能深刻体会到其微妙而显著的影响。如果我们下班后去健身房锻炼、去舞蹈室跳舞、回家做瑜伽，那么第二天起床后，我们的精力恢复程度与那些没有运动的日子将截然不同。

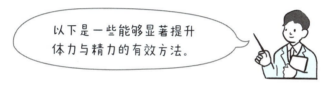

以下是一些能够显著提升体力与精力的有效方法。

第一，健康饮食。

科学研究表明，均衡饮食对于维持稳定的能量水平和提升精力至关重要。碳水化合物是身体最直接的能量来源，但过量的简单碳水化合物（如糖和白面制品）会导致血糖骤升骤降，影响精力的稳定性。

相比之下，复杂碳水化合物（如全谷物）能提供持久的能量释放。此外，优质蛋白质（如鱼、禽、豆类）和健康脂肪（如橄榄油、坚果）也是不可或缺的营养素，它们有助于构建肌肉、修复组织，并为大脑提供必要的能量和营养物质。

不过，因摄入大量碳水化合物而导致的犯困现象需要我们注意。这一现象也被称为"餐后嗜睡"（Postprandial Somnolence）或"食困"（Food coma）。当我们摄入大量高 GI（血糖生成指数）的精制碳水化合物后，血糖就会迅速升高，从而刺激胰岛素分泌。高胰岛素水平会促使肝脏中的色氨酸转化为血清素。血清素在松果体中经过一系列生化反应后，会最终转化为褪黑素，并分泌到血液中，从而让我们产生困意。

这种现象尽管正常，但高频率的餐后嗜睡可能暗示着我们的饮食结构不合理或存在着潜在的健康问题。针对这一现象，建议在日常用餐时适度控制碳水化合物的摄入量，增加全谷物、蔬菜和水果的摄入，并在餐后进行适度的运动，如散步或站立 30 分钟等。

第二，规律运动。

我们在前面已经深刻认识到体能所扮演的不可或缺的角色，但只是意识到还不够，我们还需要给自己安排一些适用性较高的运动，养成规律运动的习惯。运动不但能强身，还能健脑。

每周要尽量保持有氧运动与力量训练，并将脑力活动安排在运动之后。在经历一番酣畅淋漓的有氧运动与具有针对性的力量训练后，身体释放出的内啡肽等"快乐激素"不仅能有效缓解压力，还能显著提升大脑的清醒度与专注力。此时，在这一黄金时段进行重要的脑力活动，如学习、工作或是创意思考，我们会发现自己的思维更加敏捷，创造力与解决问题的能力也随之增强。

第三，睡眠充足。

一位外国友人发起了一项别开生面的极限挑战——连续 100 小时无眠。这场挑战考验着他的生理极限，激发了全球网友的好奇心与关注。

挑战规则简单而严苛：在这漫长的 100 小时里，挑战者需保持清醒，同时享有自由支配时间的权利，无论是沉浸在游戏世界、享受电视节目的视觉盛宴，还是品味美食、与朋友共度欢乐时光，如打保龄球等，一切皆被允许。

当实验开始后，第一天挑战者极为兴奋，他买了大量的功能饮料和提神饮品，而且安排了满满当当的活动——玩游戏、看电视，和朋友去打保龄球。一天结束后，挑战者除了眼睛布满红血丝外，基本没有其他异常。

第二天，挑战者开始感到困倦，他通过散步来保持清醒。为了对抗睡意，他尝试冲冷水澡、听大音量音乐等方法。到了第三天，挑战者的身体状态已经出现较为严重的症状：头晕，眼睛有强烈灼烧感，几乎不能睁眼，整个人焦躁不安、思维混乱。最终，这场100小时的煎熬挑战以挑战者倒在床上结束。

睡眠是身体恢复和精力再生的关键时段。深度睡眠期间，身体会进行细胞修复、肌肉生长和免疫系统的强化。睡眠不足会导致疲劳累积、注意力分散、记忆力下降等问题，严重影响工作和生活质量。相反，充足的睡眠能显著提升我们在白天的警觉性、注意力和情绪稳定性。

斯坦福大学教授山田知生在其出版的《斯坦福抗疲劳法》一书中，结合了斯坦福大学在医学脑神经科学和营养学等领域的重要研究成果，提出了"睡前2分钟打造零疲劳"的方法，即 IAP（Intra Abdominal Pressure）呼吸法。

这个呼吸方法可以通俗理解为"**腹压呼吸法**"，即在呼气时有意识地向腹部外侧施压，以继续维持高腹压的状态。具体表现为吸气时肚子变大，呼气时肚子也同样要呈现出鼓鼓的状态。需要注意的是，这个呼吸法需要我们采取仰卧或舒适的冥想坐姿，并放松全身。

第四，劳逸结合。

劳逸结合能够让我们有效保存体力，维持较高的精力水平，防止因过度消耗而产生的身心疲惫。当我们将工作任务进行适当的分割，并在其间穿插休息与放松的时刻，身体便能得到必要的恢复与补充，从而维持一个相对较高的精力水平。

劳逸结合不仅有助于提升工作效率，还能增强工作的可持续性，减少因长期高压工作带来的健康风险，如慢性疲劳、视力下降、颈椎病等职业病。

值得注意的是，尽管在紧张的工作之余，我们渴望通过短暂的间隙来提神醒脑、放松紧绷的神经，但实际效果却常常大打折扣。这背后的原因在于，我们会不自觉地陷入另一种形式的"忙碌"之中——频繁地查看社交媒体、浏览新闻快讯，或是沉迷于各类娱乐应用与游戏之中。

这些所谓的"休息"，并未能让我们的大脑真正获得休息和恢复，它们其实只是与工作无关的活动的代名词，并且仍然需要我们保持注意力。因此，我们根本没有办法从这些活动中恢复精力。

真正的休息与恢复，并非只是转换活动形式，而是追求一种深度状态。它要求我们彻底释放紧绷的注意力，使大脑摆脱日常烦琐思维的束缚。

这可以通过多种方式实现。比如，沉浸于一次仅5分钟的冥想之中，在办公室里散散步，去附近的健身房健身，或者和那些能给予我们鼓励的同事待在一起等。这些活动是让我们的大脑得到真正休息的方式。

　　每次我在家埋首写作的时候，大约每隔一个小时，我就会从工作状态中退出来，在家里四处走走，或者靠在阳台上，什么都不想地放空自己。

　　大家可以尝试以下休息活动：

- 去公园散步
- 戴上耳机听一首完整的音乐或广播剧
- 放任自己无意识地走神一段时间
- 进行自己感兴趣或拿手的兴趣爱好
- 做瑜伽

提升体力与精力的四大方法

1. 健康饮食　　2. 规律运动　　3. 睡眠充足　　4. 劳逸结合

情感

情感层面的精力同样需要训练和恢复。这种恢复是指从失望和沮丧中恢复的能力。在工作中，我们精神状态是紧绷还是舒缓，直接关系到自己一天的工作状态和效率。以一种平缓、愉悦的心情工作和以一种悲观、抗拒的心态工作所产生的效能也完全不同。

关于如何调整自己的情绪状态，有四个方法供大家借鉴。

第一，正视自己的情绪。

想要专心致志地做一件事情，我们就需要尽可能地清空内心的垃圾，为高效率的精力输出提供空间。

对于我们来说，内心就像一个深不见底的大海，如果我们没有配备好齐全的潜水设备，做好十足的心理准备，并且拥有一定的探测经验，那么我们很有可能会被轻易地卷入不快乐的情绪漩涡中。

160

要学会识别自己当前的情绪状态，无论是快乐、悲伤、愤怒还是焦虑。我们需要意识到情绪是自然反应，没有好坏之分。接纳自己的情绪，而不是试图否认或逃避它们，有利于我们的心理健康，对我们提升生活质量和工作效率也很有帮助。

第二，怀有感恩之心。

感恩是一种积极的心态和情绪体验，它能显著提升个人的幸福感和满足感，使人们更加关注生活中的美好和积极面。研究表明，经常表达感恩之情的人具有更高的自尊水平、更好的人际关系和更低的抑郁风险。

回馈爱我们的人，我们的行为方式也会有所变化。我们会变得更加积极且放松，愿意接受新事物，愿意和他人接触和合作，能够更有耐心地面对需要花费大量时间和精力的工作内容。

我们可以通过进行一些简单的任务来培养自己的感恩心态，如每天记录三件让我们感激或快乐的事情，对每天意外发生的事情（不论好坏）都坦然接受。

第三，多进行社交活动。

社交互动是人类的基本需求之一。研究表明，拥有广泛社交活动的人通常具有更高的心理健康水平和更低的心理压力水平。与亲朋好友保持联系、分享快乐与困扰、建立良好的人际关系网能够为我们提供情感支持，让我们拥有归属感和自我认同感，帮助我们缓解压力、提升情绪状态和精力水平。

这种社交活动并不受性格影响。即使不擅长，也能在与朋友偶尔一次的开怀畅谈中汲取能量。要尝试多跟家人、朋友深度聊天，谈心类的聊天会比日常闲谈更能加强人际关系，获得情感滋养。

当然，社交活动也分好坏，如果是那种需要耗费我们大量精力，让我们在散场后深感疲惫的社交场合，那么可以适当拒绝。不必担心别人的眼光和议论，要知道，真正的友谊不需要我们做出违心的决定。

第四，学会适当放松。

身心的放松可以带给我们愉悦感、幸福感。愉悦是一种眼前的幸福，它不需要思考，也不需要学习，我们与生俱来便有这种本领。虽然一些娱乐活动带给我们的愉悦感并不持久，但足以支撑、疗愈我们短期的精力损伤。

　　享受美食、观看电影、抚摸毛茸茸的小动物、在雨后清新的街道上散步……这些活动能够激发我们的正面情绪。把注意力转移到自己感兴趣的事情上，可以让我们放松身心。

　　产生愉悦的活动成本并不需要太高，因此我们可以在忙碌之余时不时地将此作为自己辛勤工作的奖励。

调整情绪状态的四个方法

1. 正视自己的情绪　　2. 怀有感恩之心　　3. 多进行社交活动　　4. 学会适当放松

- **思维**

人体的奥秘无穷无尽，其中大脑更是我们思维活动的核心引擎，这里汇聚了注意力、想象力、创造力等。

第一，培养专注力。

想要守护这份宝贵的思维能量，首要任务便是培养专注力。在信息爆炸的时代，抵御来自通信设备、网络世界及周遭琐事的纷扰，将心神聚焦于单一任务上，是高效利用脑力资源的关键。

例如，设定 2 小时专门用于阅读与知识输出，此时大脑将全力以赴，确保工作效率与成果质量。"番茄工作法""单一任务处理法"等，都是引导我们心无旁骛、高效工作的有效策略。

此外，我们还能够通过冥想、专注力练习或使用专注力工具来提高自己的注意力。

我们不应让"年龄增长，思维衰退"的偏见束缚自我。

第二，持续锻炼大脑。

大脑如同肌肉，只有持续地锻炼与挑战，才能保持活力与敏锐。这就要求我们以系统性的方式锻炼大脑，不断学习新知，挑战自我极限。在探索新知与技能的过程中，大脑会不断设置新目标，提升认知水平，从而保持其长久的活跃。

通过持续学习、定期阅读书籍、参加课程或研讨会，可以有效拓宽知识领域，保持大脑的活跃度。我们也可以给自己设定一些具有挑战性的目标，不断突破自己的舒适区，激发潜能和创造力。

第三，放松身心，恢复体力。

高强度的思维活动之后，必要的恢复同样不可或缺，正如身体锻炼后需要休息以恢复体力。但休息并不意味着完全停止活动，而是要选择那些能够放松身心、不消耗过多脑力的活动作为调剂，如插花、听音乐、练瑜伽或散步等，帮助大脑从紧张的状态中解放出来。

值得注意的是，在休息状态中，大脑并未真正"离线"，反而可能在放松的氛围中激发前所未有的创造力，让我们在不经意间找到长久以来困扰我们的答案。

保持思维活跃的三个方法

1. 培养专注力

2. 持续锻炼大脑

3. 放松身心，恢复体力

• 意志

当我们遭遇生活的迷雾，突感迷茫，失去工作的方向，内心挣扎时，我们可能会发现自己变得异常脆弱，稍遇困难便轻易放弃，曾经的坚持与热情仿佛一夜之间消散无踪。

我们的行为，也时常与内心深处的初衷背道而驰，仿佛被一股无形的力量牵引着，走向一个并不真正属于自己的方向。这些迹象，无一不在向我们发出警示：我们的精神能量正处于匮乏的边缘。

精神能量，本质上是一种意志力的体现，它根植于我们的价值观之中。

若我们对自己的价值体系感到迷茫，不妨静心自问："我生命中最大的追求是什么？""我真正渴望实现的价值与梦想是什么？"维持精神能量的平衡，关键在于持续进行自我对话，并在对话中不断审视自我，坚定方向。

如何提升精神能量

　　值得注意的是，要想实现精力的高效管理，仅仅关注精神层面是远远不够的。生理、大脑、情绪与精神这四大维度相互依存、相互影响，共同构成了我们生命的完整体系。

我们必须要有意识地关注并平衡这四者的需求与状态，确保它们能够和谐共生、相互促进。只有这样，我们的精力管理才能达到最佳状态，个人效能也才能得以最大化地发挥。

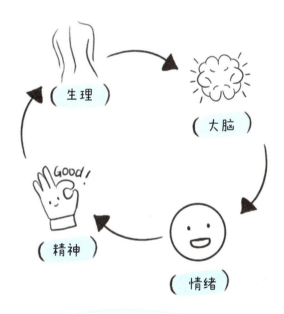

这四大维度相互依存、相互影响，共同构成了我们生命的完整体系。

如何平衡工作和生活

工作是为了更好地生活，但我们却常常因为工作而没有时间享受生活。每一个刚开始工作的人都是怀揣着拥有更好生活的梦想踏入职场的。我们期望通过工作获得更多的财富、实现抱负、成就梦想，但现实往往不尽人意。

我们的生活时间渐渐被工作挤压得所剩无几，因为当一天工作结束，我们可能需要在回家后耗费数个小时去平复在工作中的挫败感、疲惫感，反思自己今天有没有犯错，哪些地方处理得不够妥当等。

"躺平"与"摆烂"在社交媒体上频繁出现，伴随着"年轻人集体选择躺平"等热门话题，迅速成为公众讨论的焦点，折射出当代青年群体在面对职场高压、生活快节奏以及未来不确定性时复杂而微妙的心理状态。

年轻人选择"躺平"，通常是因为感觉个人努力与回报不成正比，即便拼尽全力也难以改变现状而采取的一种自我保护机制。他们通过降低欲望、减少消费、拒绝过度竞争，来寻求一种心灵的平静，寻求工作和生活的平衡。

现代社会生活节奏快，手机、电脑、互联网、即时通信工具让工作和生活的边界越来越模糊。我们在工作中可能会处理生活的事情，回到家也并不意味着工作结束。

很多家庭都存在这样的问题，总有一方忙得脚不停地，将生活琐事和孩子的一切问题全都交由另一方去处理。

这样的家庭状态，长远来看不仅会使"主劳"的一方过度劳累，出现心理健康问题，还可能让"辅助"的一方感到被忽视、价值感缺失，进而影响夫妻之间的和谐。更为严重的是，孩子在这样的家庭环境中成长，他们的身上不可避免地会映射出父母关系的失衡与紧张。

很多成功人士的成功事业大多是建立在他们是"工作狂"这个事实上的。他们除了睡觉就是工作，甚至连吃饭时仍在商定某个大项目的执行。每个人的时间都是有限的，我们无法将工作与生活兼顾得很完美，大多数时候，我们都在顾此失彼间挣扎。

因此，找到一条适合自己的，能够让自己在工作和生活中保持平衡的道路十分重要。

我们可以通过制订一张"工作和生活平衡表"来帮助自己实现这个目标。

首先，把自己平时的工作内容、生活内容都记录下来。

然后，进行分析。通过分析找出自己可以不做的，或者可以委托别人做的工作。

最后，不要有任何犹豫，将这些可以不做的工作全部丢掉，把腾出来的时间分配到生活中。

工作和生活平衡表

分类	具体内容	重要性（高/中/低）	耗时（小时/天）	可优化项（可否不做或委托他人）	处理方式
工作	跨部门会议	中	2	否 必须亲自参加	保留
工作	数据报表格式调整	高	1	是 委托给实习生	委托
生活	陪伴家人	高	1	需要增加时间 当前投入不足	优先保障
生活	运动健身	中	0.5	需要规律化 当前频率不稳定	固定时间

如果我们想要实现平衡，就必须在工作和生活之间进行取舍，不管这项工作是不是我们擅长的、想做的。

以下是其他一些可以帮助我们平衡工作与生活的方法。

第一，为自己"充电"。

我们之所以困扰于工作和生活之间的不平衡，大多是因为我们对现阶段工作任务感到不满，认为它的困难性、完成所需要的时间大大超过了我们的能力范围和预期。如果我们承认这一点，并且出现了下面这些迹象，就代表我们需要充充电了：

- 频繁切换工作界面，无法将注意力集中在单一的工作上
- 经常走神
- 任务完成速度明显降低，质量也变差了
- 在诸多工作任务中，更倾向于着手那些不需要动脑的内容

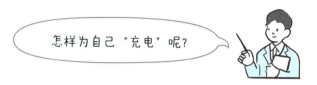

怎样为自己"充电"呢？

可以在工作间隔适当休息。我们在休息时做的事情应该令自己感到愉悦，且具有以下特征：

- 不太费力的习惯性任务
- 真正喜欢做的事
- 不是杂活（除非自己喜欢）

在工作间隙做一些有趣的、悠闲的事情可以为我们提供能量，缓解生活空间被压榨的焦虑感。

关于休息的时间间隔，相关研究表示按以下两大法则进行安排较为科学：

每隔 90 分钟，至少休息一次。
每工作 1 小时，休息 15 分钟。

通常我们的工作时间是 8 小时，这样的休息模式看似会占用很多时间，但其实也就相当于午休 1 小时以及上午和下午各休息 15 分钟。大多数情况下，这种休息方式并不会影响我们的工作效率。毕竟我们也没办法保证一整天不间断工作的效率能始终如一。

第二，保持充足的睡眠。

正如前文提及的，睡眠对于每个人来说都十分重要。每个人由于体质不同，对于睡眠时间的需求也有所不同，这种情况下，只需要专注于身体给予自己的反馈就好。

第三，掌控自己的生活。

人的价值，深刻地体现于我们能否自主地驾驭生活。这不仅仅局限于对个人生活节奏的掌控，更涵盖了对职业生涯的积极把握，包括选择继续前行还是适时调整路径。一旦这种掌控欲减弱或消失，我们就必然会对现状感到恐慌，影响日常生活和工作，形成恶性循环。

不时刻处于紧绷如弦、焦虑不安的状态，也不陷入无所事事、精神涣散的境地，这种在忙碌与闲暇之间找到微妙平衡的能力，我们称之为"掌控"。它不仅关乎

日常任务的完成效率，还关乎自我生活节奏与心态的
调节。

一个名为"如何掌控你的空闲时间"的 TED 演讲中
有一句话十分有深意：时间是有弹性的。我们不能创造
更多时间，但是时间会自己调整去适应我们选择去做的
事情。

换句话说，我们如何安排自己的生活，如何设定优
先级，如何对待每一个当下，都直接影响着时间的"弹
性"。掌控时间的弹性，实际上是在掌控自己的人生走
向，让每一分、每一秒都充满价值与意义。

掌控生活要先从为自己规划时间开始。将自己的每
日行程安排得妥妥当当，不仅能够显著提升做事效率，
还能在无形中编织出一张有序而充实的生活网络，极大
地满足我们对工作和生活的掌控感。

安排日程，可以巧
用 ABC 排序系统。

这个系统是一种高效的任务管理方法，它以任务的重要程度为依据，将待办事项划分为 A、B、C 三个等级，以便优先处理最重要的任务，从而提高时间的利用率和工作效率。

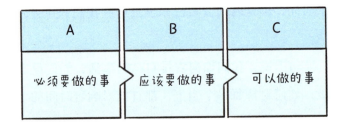

- A 级事项：代表必须要做的事，重要程度高，紧迫性强，需要立刻行动。
- B 级事项：代表应该要做的事，重要程度中等，紧迫性也可以视情况而定是否需要延迟。
- C 级事项：代表可以做的事，价值较低，可推迟性高，如玩游戏、看电视、回复邮件等。

这个排序系统要求我们在每日工作前先列出"日工作清单"，然后对其进行分类，即区分出 A、B、C 三个等级的任务。

日工作清单

排序	A 必须要做的事	B 应该要做的事	C 可以做的事

之后，根据工作的紧急和重要程度确定 A、B、C 三个等级中多项任务的先后顺序，按照这个顺序再定出工作日程表及其时间分配情况。

最后一步就是按照顺序实施行动。

第四，成为积极思考者。

积极思考是一种深刻的生活态度，它促使我们聚焦于那些对个人成长、人际关系及周围环境产生积极影响的事物上。当我们以积极的视角审视自我时，我们就有信心朝着自己的目标努力并克服障碍。

同时，当我们将这份积极思考的力量延伸至他人时，我们就学会了以更加宽容和信任的心态去看待周围的世界。相信人性中的善良与美好，愿意给予他人正面的评价，这种态度不仅能够增强人与人之间的联结，也能够促使我们更加清晰地认识到自己的需求与渴望。

积极思考不仅是一种心态上的调整，更是一种生活方式的转变。当我们再次面对工作和生活的失衡时，我们不会聚焦于自己失去了什么，而是更多地关注过多的工作给自己带来了什么，或者享受生活给自己带来了什么。就好比成功人士往往会把我们避之不及的问题视为挑战自身能力和决心的机会，用迎难而上和奋斗的姿态赢得成功。

在个人成长方面，积极思考也是推动我们不断前进的重要动力。比如，一个曾经自卑、缺乏自信的人，在朋友的鼓励与自我反思后，会尝试以积极的态度去看待自己与周围的世界。写出"我在故我思"的存在主义大师萨特便是如此。

萨特两岁丧父，且左眼斜视；三岁时，萨特因患角膜炎右眼几乎失明。失去亲人和身体残疾使他极度自卑。据萨特长大后所述，右眼失明后，他眼前的世界仿佛被撕裂了一角，再也无法恢复从前的完整。

为了寻找安慰和寄托，萨特全身心投入到外祖父家的藏书中。随着阅读面的不断扩大，他渐渐学会以积极的心态面对自己的处境，在各类文学作品和哲学著作中形成了一套自己的思想和见解，为他日后在哲学和文学的创作中打下了坚实的基础。

平衡工作与生活的四个方法

1. 为自己"充电"

2. 保持充足的睡眠

3. 掌控自己的生活

4. 成为积极思考者

若希望工作和生活都过得更有效能、更有创造力、更有意义，时间管理就是我们触手可及的最便捷的工具。当我们因时间管理而受益时——进入高度专注模式（心流状态），专注于眼前任务，以更清晰、更投入的思维进行工作，对我们来说将不再困难。

与此同时，我们还能得到充足的休息，在生活中得到足够的治愈。我们不会因为任务没有及时完成而感到焦虑，也不会因为受困于工作和生活的压力而感到无法喘息。我们的创造力和思维能力与以前相比会有明显提高，对世界的好奇心也不会因为工作的负担而减弱。

有效管理时间会为我们的人生带来无穷无尽的益处。从增加对时间的认知，到觉察时间的作用，再到提升自我效能、清除阻碍，学习如何以更好的精力将时间管理方法应用于工作中，不知不觉间，我们会因时间管理而渐渐掌控自己的人生。

目　录

我的梦想版图

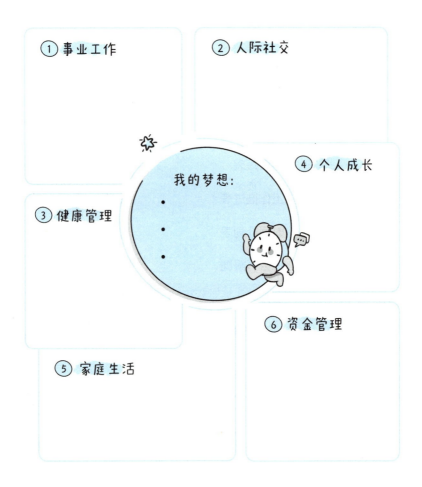

① 事业工作

② 人际社交

④ 个人成长

我的梦想：

③ 健康管理

⑥ 资金管理

⑤ 家庭生活

我的梦想版图

① 事业工作   ② 人际社交

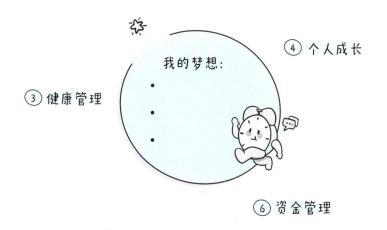

③ 健康管理   我的梦想: ④ 个人成长

⑥ 资金管理

⑤ 家庭生活

我的梦想版图

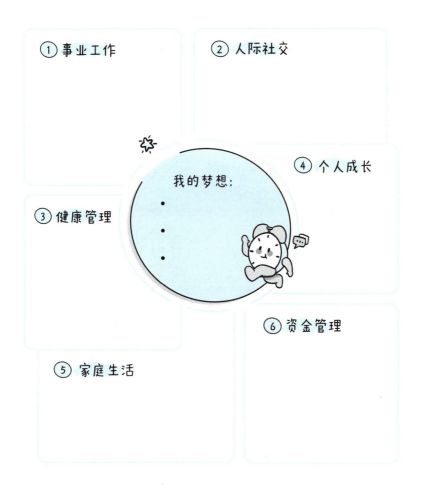

① 事业工作

② 人际社交

④ 个人成长

③ 健康管理

我的梦想:

⑥ 资金管理

⑤ 家庭生活

我的梦想版图

① 事业工作　　② 人际社交

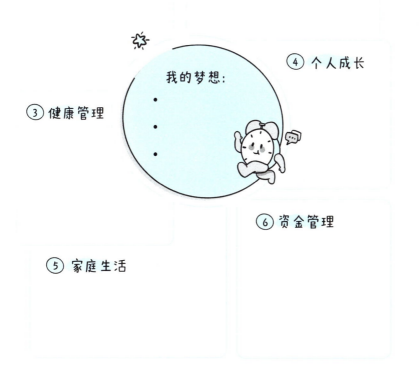

④ 个人成长

我的梦想：

③ 健康管理

⑥ 资金管理

⑤ 家庭生活

时间日志

时间段	活动 / 任务	耗时

时间日志

时间段	活动 / 任务	耗时

时间日志

时间段	活动 / 任务	耗时

时间日志

时间段	活动 / 任务	耗时

任务清单表

序号	任务名称	优先级 （高/中/低）	截止 时间	备注

任务清单表

序号	任务名称	优先级 (高/中/低)	截止 时间	备注

任务清单表

序号	任务名称	优先级 （高 / 中 / 低）	截止 时间	备注

任务清单表

序号	任务名称	优先级 (高/中/低)	截止 时间	备注

四象限表

第二象限
不紧急但重要

重要

第一象限
紧急且重要

不紧急

紧急

第三象限
不紧急且不重要

第四象限
紧急但不重要

不重要

四象限表

第二象限
不紧急但重要

重要

第一象限
紧急且重要

不紧急

紧急

第三象限
不紧急且不重要

第四象限
紧急但不重要

不重要

四象限表

第二象限
不紧急但重要

重要

第一象限
紧急且重要

不紧急

紧急

第三象限
不紧急且不重要

第四象限
紧急但不重要

不重要

四象限表

第二象限
不紧急但重要

重要

第一象限
紧急且重要

不紧急

紧急

第三象限
不紧急且不重要

第四象限
紧急但不重要

不重要

工作推进表

项目名称	
时间	

序号	子项目	负责人	时间节点	详细执行内容	执行情况

工作推进表

项目名称	
时间	

序号	子项目	负责人	时间节点	详细执行内容	执行情况

工作推进表

项目名称	
时间	

序号	子项目	负责人	时间节点	详细执行内容	执行情况

工作推进表

项目名称	
时间	

序号	子项目	负责人	时间节点	详细执行内容	执行情况

时间计划表

具体时间	计划事项	备注

时间计划表

具体时间	计划事项	备注

时间计划表

具体时间	计划事项	备注

时间计划表

具体时间	计划事项	备注

任务拆解图

1 子任务

2 子任务

主要任务

3 子任务

任务拆解图

1 子任务

2 子任务

3 子任务

主要任务

任务拆解图

1 子任务

2 子任务

3 子任务

主要任务

任务拆解图

1 子任务

2 子任务

3 子任务

主要任务

工作和生活平衡表

分类	具体内容	重要性 (高/中/低)	耗时 (小时/天)	可优化项 (可否不做或委托他人)	处理 方式

工作和生活平衡表

分类	具体内容	重要性 (高/中/低)	耗时 (小时/天)	可优化项 (可否不做或委托他人)	处理 方式

工作和生活平衡表

分类	具体内容	重要性 (高/中/低)	耗时 (小时/天)	可优化项 (可否不做或委托他人)	处理 方式

工作和生活平衡表

分类	具体内容	重要性 (高/中/低)	耗时 (小时/天)	可优化项 (可否不做或委托他人)	处理 方式

日工作清单

排序	A 必须要做的事	B 应该要做的事	C 可以做的事

日工作清单

排序	A 必须要做的事	B 应该要做的事	C 可以做的事

日工作清单

排序	A 必须要做的事	B 应该要做的事	C 可以做的事

日工作清单

排序	A 必须要做的事	B 应该要做的事	C 可以做的事